TRAZENDO À TONA A VIDA
JORNADAS DE AMOR, AUTENTICIDADE E LIBERDADE

Editora Appris Ltda.
1ª Edição - Copyright© 2023 do autor
Direitos de Edição Reservados à Editora Appris Ltda.

Nenhuma parte desta obra poderá ser utilizada indevidamente, sem estar de acordo com a Lei nº 9.610/98. Se incorreções forem encontradas, serão de exclusiva responsabilidade de seus organizadores. Foi realizado o Depósito Legal na Fundação Biblioteca Nacional, de acordo com as Leis nºs 10.994, de 14/12/2004, e 12.192, de 14/01/2010.

Catalogação na Fonte
Elaborado por: Josefina A. S. Guedes
Bibliotecária CRB 9/870

S729t
2023
	Souza, Guilherme Muniz de
	    Trazendo à tona a vida: jornadas de amor, autenticidade e liberdade /
	Guilherme Muniz de Souza.
	    1. ed. – Curitiba : Appris, 2023.
	    201 p. ; 23 cm.
	
	    ISBN 978-65-250-5204-5
	
	    1. Autorrealização. 2. Autoaceitação. 3. Felicidade. 4. Amor.
	5. Espiritualidade. I. Título.
	
	                                                            CDD – 158.1

Appris *editora*

Editora e Livraria Appris Ltda.
Av. Manoel Ribas, 2265 – Mercês
Curitiba/PR – CEP: 80810-002
Tel. (41) 3156 - 4731
www.editoraappris.com.br

Printed in Brazil
Impresso no Brasil

Guilherme Muniz de Souza

TRAZENDO À TONA A VIDA
JORNADAS DE AMOR, AUTENTICIDADE E LIBERDADE

FICHA TÉCNICA

EDITORIAL	Augusto Coelho
	Sara C. de Andrade Coelho
COMITÊ EDITORIAL	Marli Caetano
	Andréa Barbosa Gouveia (UFPR)
	Jacques de Lima Ferreira (UP)
	Marilda Aparecida Behrens (PUCPR)
	Ana El Achkar (UNIVERSO/RJ)
	Conrado Moreira Mendes (PUC-MG)
	Eliete Correia dos Santos (UEPB)
	Fabiano Santos (UERJ/IESP)
	Francinete Fernandes de Sousa (UEPB)
	Francisco Carlos Duarte (PUCPR)
	Francisco de Assis (Fiam-Faam, SP, Brasil)
	Juliana Reichert Assunção Tonelli (UEL)
	Maria Aparecida Barbosa (USP)
	Maria Helena Zamora (PUC-Rio)
	Maria Margarida de Andrade (Umack)
	Roque Ismael da Costa Güllich (UFFS)
	Toni Reis (UFPR)
	Valdomiro de Oliveira (UFPR)
	Valério Brusamolin (IFPR)
SUPERVISOR DA PRODUÇÃO	Renata Cristina Lopes Miccelli
ASSESSORIA EDITORIAL	Miriam Gomes
REVISÃO	Simone Ceré
DIAGRAMAÇÃO	Renata Cristina Lopes Miccelli
CAPA	Eneo Lage

*Dedicamos este trabalho a todos que influenciaram
nossa jornada de transformação e a você, leitor,
que agora embarca nesta viagem de autodescoberta.*

AGRADECIMENTOS

Há certos momentos na vida em que a simples articulação de palavras parece insuficiente para expressar a imensidão da gratidão que sentimos. Este é definitivamente um desses momentos. A jornada até aqui não foi uma façanha solitária, mas sim um esforço coletivo e significativo de muitas almas que se cruzaram no meu caminho.

Agradeço a todos que cruzaram o meu caminho e, intencional ou acidentalmente, plantaram as sementes de mudança que permitiram o nosso florescer. Vocês podem nem mesmo estar cientes da profundidade da influência que tiveram, mas as marcas que deixaram são incontestáveis.

Lembro-me daqueles que, em suas próprias lutas e alegrias, iluminaram o caminho para a autenticidade e liberdade. A partir de suas vivências, testemunhei a fragilidade e força que coexistem dentro de todos nós, um lembrete constante de nossa humanidade compartilhada.

Gratidão a cada um que, em sua singularidade, me ensinou sobre amor, dor, resiliência e, sobretudo, a beleza da transformação humana. Vocês foram os faróis no nevoeiro, iluminando caminhos muitas vezes escuros, e por isso eu sou eternamente grato.

Toda pessoa é única, portanto gostaria de agradecer às individualidades que me ensinaram, desafiaram, apoiaram e inspiraram. Vocês, com suas histórias, paixões, medos e sonhos, reforçaram o valor inestimável da diversidade humana.

Àqueles que provavelmente nunca lerão estas palavras, mas cuja influência é sentida em cada linha escrita, em cada pensamento formado, meu sincero agradecimento. Cada interação, cada momento compartilhado contribuiu para a pessoa que me tornei, e o trabalho que apresento aqui é um reflexo direto de todos vocês.

Finalmente, agradeço por cada risada compartilhada, cada lágrima derramada, cada desafio superado e cada alegria experimentada. Cada um de vocês faz parte desta tapeçaria intricada da minha vida, e por isso sou eternamente grato.

Portanto, dedico este trabalho a todos vocês – as inúmeras almas que enriqueceram minha vida de formas indescritíveis. Este é o produto de muitos corações e mentes, e por isso vocês são todos dignos de agradecimentos.

*Mude, mas comece devagar, porque a direção
é mais importante que a velocidade.*

(Clarice Lispector)

PREFÁCIO

Quando Guilherme me convidou para escrever este prefácio, não titubeei: "Vamos, dá-lhe! Está me querendo fazer chorar em plena 23h18?"

Depois de aceitar, contudo, pensei: "E agora, como vou escrever um prefácio?"

Para você, leitor, pode não parecer uma pergunta natural. Até porque você não me conhece. Por isso, é melhor contextualizar.

Guilherme poderia ter convidado um escritor renomado para escrever este prefácio. Guilherme poderia ter pensado em um profissional, amigo ou colega da Psicologia, considerando que o escritor desta obra é mestre na área. Mas não, eu fui o escolhido.

Então, vamos lá tentar entender o porquê de tudo isso.

Eu me chamo Maurício Augusto Garbin, sou advogado e professor de Direito. E esse introito é importante, porque é exatamente aqui me minha vida se cruza, de fato, com a do Guilherme.

Ele foi meu aluno nas aulas de Direito. Já puxei a orelha dele muito...

Neste ponto, vejo que eu estava certo. Afinal, o capricho que sobra para escrever esta obra, faltava nas minhas peças de Prática Civil.

Olhando de outra forma e apesar de minhas correções, percebo, na verdade, que Guilherme estava certo.

Seguir o seu destino e dar valor ao que realmente importa é algo que tenho aprendido e continuo aprendendo com ele.

"Qual a razão de gastar tempo com chatas peças de Direito Civil se posso escrever um livro de contos como este?" – consigo imaginá-lo pensando isso.

Pois é, Guilherme. Você estava certo.

Da leitura de seu primeiro livro, percebe-se que a jornada é muito mais do que só trabalho ou compromissos. A jornada é muito mais do que entregar uma petição ou um recurso para um professor de Prática Civil.

A jornada é feita de escolhas, tal como o primeiro conto nos demonstra. E as escolhas, conquanto não pareçam as mais adequadas ou felizes para o momento em que acontecem, sempre apresentam seu propósito no futuro, nem que este seja o sentimento de nostalgia, a memória.

Por mais que o livro seja composto de contos e personagens fictícios, é possível ver Guilherme em cada um deles.

Desde que o conheci, posso dizer, com tranquilidade, que Guilherme é único. Não estou querendo afirmar, aqui, que só existe um Guilherme, mas que os vários "Guilhermes" que o compõem formam um ser único.

O resultado dessa união de sentimentos, de ações, de reações, de pensamentos e de "Guilhermes" está aqui, neste livro.

Não só. Creio que cada um de nós seja o resultado da união de "Maurícios", de "Marias", de "Joãos", de "Anas", qualquer seja o seu nome.

Não querendo ser pretensioso, mas, assim como eu, acredito que você, leitor, identificar-se-á ora como protagonista, ora antagonista, em diversas passagens.

Afinal, quem aqui nunca se viu como personagem de uma música ou não percebe a presença uma pessoa de seu convívio em uma melodia?

Quem não se viu abalado por ter um plano completamente frustrado em razão de circunstâncias que estão fora de seu controle, tal como um garoto que vê sua tarde de futebol arruinada pela chuva?

Veja, leitor... Eu tenho meu passado, você tem o seu, o Guilherme tem o dele. Sabe o que temos em comum? Exatamente isto, o fato de todos termos histórias.

E a qualidade deste livro não está, simplesmente, nas histórias. Ela reside, exatamente, no fato de conseguirmos nos identificar com elas.

Talvez quando nos ensinavam no Colégio que deveríamos ler para nos sentirmos no personagem – para "viajarmos na história sem ter de sair de casa" –, na verdade, o que de fato queriam nos passar é que, dentro de cada um, há um pouco do personagem.

Guilherme mesmo deixa claro isso no conto certeiramente intitulado "A libertação do eu: Guilherme encontra significado ao acolher e ouvir as histórias dos outros".

O que quero dizer com tudo isso é que eu, Maurício, consigo ver, em passagens de diversos contos, um pouco de minha jornada e da minha amizade com Guilherme.

Aqui, destaco dois deles: "A amizade que voou alto: Lucas e Melinda na Terra da Aventura" e, é claro, "Enfrentando as sombras: a jornada de Maurício rumo ao autoconhecimento e aceitação".

Mas isso não quer dizer que você não sentirá o mesmo, leitor.

Por mais que você não conheça o autor, existem vários "Guilhermes" por aí. Com o perdão da piada, você logo encontrará ou já tem um para chamar de seu.

E quem dera existissem mais!

Boa leitura!

Maurício Augusto Garbin

Advogado e Professor

APRESENTAÇÃO

Em nosso cotidiano, somos continuamente desafiados a adaptar, a transformar e, acima de tudo, a ser. No universo dos seres humanos, somos a soma de nossas experiências, escolhas e interações, e cada um carrega consigo uma história única de amor, dor, luta e resiliência.

Este livro é uma exploração da complexidade humana. Nele, adentramos nos recônditos da alma, sondando as profundezas de nossas experiências e emoções para desvendar os contornos de nossa essência. Buscamos entender como o processo de mudança e transformação se desenrola em nossas vidas e como podemos aprender a abraçar, ao invés de resistir, a constante evolução de nossa existência.

Esta obra não é apenas uma reflexão teórica, mas também um convite para uma jornada introspectiva. Aqui, o leitor encontrará histórias que ressoam com suas próprias experiências, reflexões que desafiam suas perspectivas e, esperamos, insights que possam inspirar sua jornada pessoal de crescimento e autodescoberta.

A aposta neste trabalho é baseada em três pressupostos fundamentais: 1) a transformação humana é um processo contínuo e essencial; 2) cada um de nós possui uma capacidade única e inerente de crescer e evoluir, apesar dos desafios que a vida possa apresentar; e 3) o autodescobrimento é uma busca inestimável que pode proporcionar uma vida mais autêntica e satisfatória.

Nesta jornada de autodescobrimento, é nosso desejo que cada leitor encontre algo que ressoe consigo, algo que o inspire e ajude a navegar a complexidade da experiência humana. Convidamos você a abrir estas páginas e juntar-se a nós nesta exploração do que significa ser verdadeiramente humano.

Guilherme Muniz de Souza

SUMÁRIO

O amor verdadeiro: respeitando as escolhas do outro 23

A rosa do consolo: encontrando esperança na perda 25

As asas da expressão: a jornada de Sofia para voar com a arte. . . . 28

A sinfonia da vida: celebrando a música de cada pessoa. 31

A alegria nas gotas de chuva: encontrando
diversão nas circunstâncias inesperadas 33

A jornada da autenticidade: descobrindo o amor-próprio
e a felicidade verdadeira 35

Encontrando o equilíbrio: a busca por soluções justas
no Vale das Flores 37

A sabedoria da incerteza: a jornada da Aldeia da Dúvida 40

Despertando da monotonia: redescobrindo a essência da vida 42

A jornada de Percival: a busca interna pelo
Santo Graal da Compaixão. 44

O despertar da boneca de sal: a busca pela unidade
e a essência do mar. 46

O sorriso mágico de Sofia: transformando
uma cidade com alegria e esperança 48

Deslizando pela vida: a jornada de Marina na patinação e além. . . 50

A dança do equilíbrio: a metáfora do copo
na jornada de Lucas entre razão e emoção 52

A liberdade além dos rótulos: a jornada
de Clara em busca da autenticidade 54

Enfrentando as sombras: a jornada de Maurício
rumo ao autoconhecimento e aceitação 56

A amizade que voou alto: Lucas e Melinda na Terra da Aventura. . . 58

Consistência além das falhas: a jornada
de Eduardo rumo aos sonhos 60

Abraçando a autenticidade: a jornada de Sofia
como artista na Pixar. 62

Além do momento perfeito: descobrindo a magia
dos momentos "bons o suficiente" 64

Ansiedade: a jornada para encontrar a liberdade
e a felicidade no presente. 66

De super-herói a ser humano: a jornada de autocompaixão
e reconhecimento de limites de Eduardo. 68

Desafiando o legado: quebrando ciclos e construindo
uma nova história paterna 71

Reescrevendo a jornada: a aceitação da fragilidade
como caminho para a transformação 73

Além do medo: a jornada de Fernando para a autenticidade
e coragem 75

Desafiando estereótipos: a jornada de Pedro para
uma masculinidade autêntica 77

Encontrando a liberdade: a jornada de Gabriel
para além do controle. 79

Aprecie o presente: a jornada de Marcos para viver plenamente .. 81

A jornada de Camila: esperança, ação e equilíbrio
na busca pela plenitude 83

Além da visão limitada: a jornada de transformação de Edivaldo .. 85

Espelhos do coração: a jornada de Juliana
em busca de autenticidade e crescimento. 87

Da escuridão à transformação: a jornada de Murilo
em busca de cura e amor. 89

O amor corajoso: a jornada de Sofia e
Lucas rumo à união verdadeira. 91

Redescobrindo a felicidade: a transformação
de Daniel por meio da gratidão e conscientização. 93

A simplicidade da felicidade: a jornada de Evandro
rumo à gratidão e alegria. 95

A jornada de Eduarda: descobrindo o poder da autoapreciação ... 97

O brilho de Isabela: encontrando a autenticidade
e valorizando o amor 99

Da vitimização à transformação: a jornada de Regina
para a autenticidade e responsabilidade 101

Rompendo as cadeias do medo: a jornada
de Simone em busca da esperança 103

A beleza dos encontros autênticos: a jornada de Daniel
em busca do valor humano 105

Despertando para a verdade: a jornada de Alberto
em busca da liberdade interior 107

Escolhendo o amor e a felicidade: a jornada
de Luciana rumo à autenticidade 109

Perdão e cura: a jornada de Rebeca rumo à liberdade emocional .. 111

O amor que transborda: a jornada de João
em compartilhar sua plenitude 113

Equilibrando o entusiasmo: a lição de sabedoria
de Carlos para o sucesso compartilhado 115

A arte do descanso: a jornada de Tiago
para a tranquilidade e equilíbrio mental...................... 117

O equilíbrio dos relacionamentos: a jornada de Carla
para cultivar laços saudáveis e significativos 119

Desprendendo-se das preocupações:
a jornada de Jonas para viver o momento presente............ 121

Enxergando a grandeza nas sutilezas da vida:
a jornada de Patrícia para valorizar os momentos cotidianos 123

Além das aparências: a jornada de Manoel
em busca do amor autêntico e da verdadeira felicidade.......... 125

Em busca do amor verdadeiro: a jornada
de Cíntia em encontrar conexões autênticas e o amor-próprio 127

Além das expectativas: a jornada de Júlio em busca da liberdade
e autenticidade 129

Encontrando o amor interior: a jornada de Bianca
rumo à autocompaixão e ao amor verdadeiro 131

Autocompaixão: o caminho para a verdadeira
valorização pessoal – a jornada de Ana...................... 133

O poder da autocompaixão: transformando a autocrítica
em cuidado e aceitação – a jornada de Ricardo 135

Transformando a resistência em aceitação:
a jornada de Janaína rumo à paz interior 137

Enfrentando as sombras: a jornada de Fernanda
para a transformação e paz interior. 139

Despertando para a liberdade: a jornada de Carmen
em busca da felicidade interior 141

Domando os inimigos interiores: a jornada
de Luiz rumo à liberdade mental. 143

Pedras do caminho: a jornada de André rumo
à aceitação e paz interior 145

Encontrando a paz interior: a serenidade
de Edineia diante dos desafios da vida 147

Rompendo as amarras internas: a jornada
de Eduardo em busca da liberdade interior 149

Encontrando a serenidade interior: a jornada
de Osvaldo para romper o ciclo das obsessões 151

Desapego e gratidão: a jornada
de Bruno para viver plenamente. 153

Em busca do movimento e evolução:
a jornada inspiradora de Carol. 155

Transformando a vergonha em autocompaixão:
a jornada libertadora de Luiza 157

Cultivando conexões: o poder da autocompaixão
nos relacionamentos 159

O poder curativo do perdão: encontrando
a paz interior e a compaixão 161

O poder da simplicidade:
a preciosa alegria nos pequenos gestos 163

A busca pela perfeição: a lição preciosa
da valorização das conexões humanas. 165

A força transformadora das pequenas ações:
o poder de fazer a diferença no cotidiano 167

Além da insensibilidade: reconstruindo a empatia
e a humanidade nas grandes cidades........................169

Descobrindo a plenitude da diversidade:
um olhar além dos preconceitos..............................171

O poder da observação: liberando-se do controle das emoções .. 173

Encontrando um propósito maior:
a transformação de Miguel na busca por uma vida significativa... 175

O poder transformador do fracasso: a jornada
de Laura em busca de sabedoria e crescimento.................177

A dualidade de Rodolfo: o conflito entre ganância
e valores na busca por significado..........................179

A dualidade de Arthur Greiser: autojustificação
e responsabilidade nos horrores do Holocausto.................181

O peso das expectativas: a jornada de Wanderleia
em busca de realizações aos 25 anos.........................183

A libertação do eu: Guilherme encontra significado
ao acolher e ouvir as histórias dos outros....................185

A libertação do ego: Rodrigo descobre a plenitude
no desapego e na conexão..................................187

A busca ilusória do eu separado: Júlio descobre
a conexão na interdependência universal.....................189

A importância das ações: Jéssica descobre o poder
das atitudes alinhadas com os valores........................191

O poder das escolhas: Marlon descobre o impacto
de suas ações no futuro....................................193

Deixando de lado as pequenas preocupações:
a lição de Alexandre e a caneca.............................195

O poder dos passos: uma jornada de transformação coletiva.....197

Aprendendo a amar a si mesmo: o caminho
para a autoaceitação e o bem-estar.........................199

O AMOR VERDADEIRO: RESPEITANDO AS ESCOLHAS DO OUTRO

Havia uma vez um menino chamado Pedro que vivia em uma pequena cidade próxima a um grande rio. Pedro era um menino sensível e sonhador, mas também era muito tímido e tinha dificuldades em se relacionar com outras crianças. Ele passava grande parte do seu tempo livre perto do rio, onde gostava de observar a natureza e as águas correntes.

Um dia, enquanto Pedro estava sentado à beira do rio, chorando tristemente, uma capivara se aproximou dele e perguntou por que ele estava tão triste. Pedro contou a ela que estava apaixonado por uma menina da sua escola, mas que ela havia se mudado para o outro lado do rio e ele não podia mais vê-la.

A capivara ouviu atentamente a história de Pedro e perguntou a ele se ele amava mesmo essa menina. Pedro respondeu que sim, que a amava mais do que qualquer outra coisa no mundo. Então a capivara disse a ele que, se ele realmente amava essa menina, deveria deixá-la seguir seu caminho, mesmo que isso significasse que eles nunca mais se encontrariam.

Pedro ficou confuso com o que a capivara disse e perguntou a ela o porquê. A capivara explicou que o amor verdadeiro é aquele que deseja a felicidade do outro, mesmo que isso signifique que você precise abrir mão da sua própria felicidade. Se a menina havia escolhido ir embora, era porque ela estava procurando por algo que ela acreditava ser importante para a sua felicidade, e Pedro deveria respeitar essa escolha.

Pedro refletiu sobre as palavras da capivara e percebeu que, na verdade, estava sendo egoísta ao querer manter a menina presa a ele. Ele decidiu seguir o conselho da capivara e deixar a menina livre para buscar sua felicidade, mesmo que isso significasse que eles nunca mais se encontrariam. Ele se sentiu aliviado e percebeu que o amor verdadeiro é aquele que deseja a felicidade do outro, acima de tudo.

Desde então, Pedro passou a ir ao rio com mais frequência e se tornou um menino mais alegre e sereno. Ele nunca mais viu a menina novamente, mas sempre lembrava da capivara e do conselho que ela lhe deu. Pedro aprendeu que, às vezes, a felicidade das pessoas que amamos está em lugares que não podemos alcançar, e que o amor verdadeiro é aquele que respeita as escolhas do outro.

A ROSA DO CONSOLO: ENCONTRANDO ESPERANÇA NA PERDA

Era uma vez uma bela rosa que vivia em um jardim encantado. Suas pétalas eram de um vermelho vibrante, e sua fragrância perfumava todo o ambiente ao seu redor. A rosa era um símbolo de amor, vida e beleza.

Certo dia, uma pessoa querida estava passando por um difícil processo de luto. Ela havia perdido alguém muito especial, e seu coração estava cheio de tristeza e saudade. Sentindo o peso do sofrimento dessa pessoa, a rosa decidiu ajudar de alguma forma.

A rosa, que possuía uma conexão especial com a morte, sabia que a vida e a perda são partes intrínsecas do ciclo natural. Ela tinha a capacidade única de transmitir uma mensagem de esperança e consolo por meio do seu perfume e beleza.

Com cuidado e ternura, a rosa desabrochou uma única pétala branca e a enviou como um presente para a pessoa em luto. Essa pétala, diferente das outras, carregava a essência da compreensão e do conforto. Ao tocá-la, a pessoa sentiu uma calma suave invadir sua alma e um sentimento de que tudo ficaria bem.

A rosa continuou a desabrochar pétalas brancas todas as vezes que a pessoa precisava de conforto. Cada pétala trazia consigo uma lembrança especial do ente querido que havia partido. Elas enchiam o coração da pessoa de amor, relembrando os momentos felizes compartilhados.

A relação entre a rosa e a pessoa em luto se tornou uma amizade silenciosa e reconfortante. A rosa estava sempre lá, pronta para ouvir, apoiar e envolver a pessoa com seu perfume acolhedor. À medida que o tempo passava, a tristeza da pessoa se transformava em aceitação e gratidão por ter vivido momentos preciosos com aquele ente querido.

À medida que a rosa florescia, suas pétalas brancas começaram a se misturar com suas pétalas vermelhas originais, simbolizando a união da vida e da morte. Era como se a morte não fosse o fim, mas uma transformação suave e eterna.

A pessoa em luto aprendeu com a rosa que, mesmo na dor da perda, a vida continua, e as memórias e o amor compartilhados nunca se extinguem. A rosa tornou-se um lembrete constante de que a beleza pode emergir mesmo nas situações mais difíceis.

Com o tempo, a pessoa em luto encontrou forças para seguir adiante, com a lembrança do ente querido no coração e o apoio constante da rosa. Ela passou a enxergar a morte não como um fim trágico, mas como parte de um ciclo de transformação e renovação.

A relação entre a rosa e a pessoa em luto mostrou que, mesmo nas circunstâncias mais desafiadoras, a esperança, a beleza e o amor podem florescer. A rosa e a pessoa em luto compartilharam uma conexão especial que as ajudou a superar a tristeza e a encontrar conforto em cada pétala que desabrochava.

E assim, a rosa e a pessoa em luto continuaram a nutrir essa amizade especial ao longo dos anos. A pessoa aprendeu a apreciar não apenas a beleza efêmera da rosa, mas também a compreender o poder transformador da perda e do luto.

À medida que o tempo passava, a pessoa em luto encontrou conforto em visitar o jardim onde a rosa florescia. Lá, ela podia conversar com a rosa, compartilhar suas lembranças e expressar suas emoções mais profundas. A rosa, mesmo sem palavras, ouvia atentamente, oferecendo seu apoio silencioso.

À medida que a pessoa se reconstruía emocionalmente, ela também encontrou coragem para ajudar outras pessoas que estavam passando pelo processo de luto. Inspirada pela rosa, ela compartilhou suas próprias experiências, palavras de conforto e um abraço reconfortante para aqueles que precisavam.

A rosa, por sua vez, continuava a florescer e a espalhar seu perfume pelo jardim. Sua beleza e sua mensagem de esperança atingiam não apenas a pessoa em luto, mas também todos que visitavam o jardim. Eles aprendiam a olhar para a morte não como um fim triste, mas como uma parte essencial da vida, que nos ensina a valorizar cada momento e a amar intensamente.

Com o tempo, a pessoa em luto percebeu que a rosa era muito mais do que uma simples flor. Ela representava a força, a resiliência e a renovação que são possíveis após uma perda. A rosa se tornou um símbolo de amor eterno e uma lembrança constante de que a vida segue seu curso, mesmo em meio à dor.

À medida que a pessoa em luto seguia em frente, sempre carregava consigo a lembrança da rosa e do amor que ela representava. Ela sabia que a amizade que havia surgido entre eles era algo precioso e que, mesmo que a rosa murchasse e se transformasse em parte do ciclo da natureza, sua essência e seu impacto perdurariam para sempre.

E assim, a rosa e a pessoa em luto continuaram a escrever sua história conjunta, onde a morte não era um fim trágico, mas sim uma porta para a transformação, o crescimento e a valorização da vida. A rosa permaneceria como um símbolo de amor e esperança para todos que a encontrassem, lembrando-os de que, mesmo na tristeza, a beleza e o amor podem florescer novamente.

AS ASAS DA EXPRESSÃO: A JORNADA DE SOFIA PARA VOAR COM A ARTE

Era uma vez uma criança chamada Sofia, uma menina curiosa e imaginativa. Ela vivia em uma pequena casa perto de uma floresta encantada. Todos os dias, Sofia caminhava pelo bosque, observando os animais e a natureza ao seu redor.

Um dia, enquanto explorava a floresta, Sofia viu um pássaro colorido pousado em um galho próximo. O pássaro tinha penas brilhantes e olhos brilhantes. Curiosa, a menina se aproximou e começou a conversar com o pássaro.

"Olá, lindo pássaro! Você gostaria de conversar comigo?", perguntou Sofia com um sorriso.

O pássaro olhou para ela e respondeu com uma voz suave e melodiosa: "Claro, pequena amiga. Adoro conversar com crianças curiosas como você."

Sofia ficou encantada ao descobrir que o pássaro podia falar. Ela perguntou ao pássaro sobre sua vida e suas aventuras. O pássaro, chamado Aurora, contou a Sofia histórias sobre suas viagens pelos céus e as maravilhas que havia visto ao redor do mundo.

Enquanto conversavam, Sofia perguntou a Aurora por que os pássaros tinham asas. Aurora sorriu e explicou: "As asas são uma dádiva que nos permite voar pelos céus e explorar lugares incríveis. Elas representam liberdade e a capacidade de seguir nossos sonhos."

Sofia ficou pensativa. Ela começou a refletir sobre o significado das asas e a importância da expressão. Ela percebeu que, assim como os pássaros usam suas asas para voar, as pessoas também têm uma maneira única de expressar o que sentem por dentro.

Inspirada por essa ideia, Sofia começou a explorar diferentes formas de expressão. Ela descobriu que a arte era uma maneira maravilhosa de expressar seus sentimentos. Por meio da pintura, da música e da dança, ela encontrou uma maneira de colocar para fora todas as emoções que carregava dentro de si.

À medida que Sofia se aprofundava em suas criações artísticas, ela percebeu que não só conseguia expressar sua própria felicidade, mas também podia fazer os outros felizes. Suas pinturas coloridas e sua música alegre enchiam o coração das pessoas de alegria e inspiração.

Em sua jornada de autodescoberta, Sofia aprendeu que a vida era cheia de altos e baixos, momentos de melancolia e momentos de felicidade. Ela percebeu que não era necessário esconder a tristeza, mas sim canalizá-la de maneira positiva, transformando-a em algo bonito e inspirador.

Com o passar do tempo, Sofia encontrou um equilíbrio entre suas emoções. Ela sabia que não era apenas tristeza ou felicidade, mas uma mistura de todas as cores da paleta emocional. Ela aprendeu a abraçar todas as suas emoções e expressá-las por meio de sua arte.

E assim, Sofia seguiu seu caminho, voando com asas imaginárias e compartilhando sua arte com o mundo ao seu redor. Ela começou a participar de exposições locais, apresentando suas pinturas e suas composições musicais.

As pessoas ficavam encantadas com a maneira como Sofia conseguia transmitir emoções tão profundas por meio de suas criações. Sua arte tocava o coração das pessoas, despertando sentimentos de alegria, esperança e até mesmo de reflexão sobre a vida.

Sofia também encontrou uma forma de ajudar os outros a expressarem suas próprias emoções por meio da arte. Ela começou a dar aulas em uma pequena escola da comunidade, incentivando as crianças a explorarem sua criatividade e a encontrarem suas próprias maneiras de voar com suas asas artísticas.

Cada dia, Sofia sentia uma alegria imensa ao ver o sorriso no rosto das crianças enquanto elas pintavam, dançavam e cantavam. Ela sabia que estava ajudando-as a descobrir uma forma de expressão poderosa, uma maneira de colocar para fora suas emoções e se conectarem consigo mesmas.

Com o passar do tempo, a fama de Sofia como artista e professora se espalhou. Suas exposições se tornaram cada vez mais populares e suas aulas estavam sempre cheias de crianças ansiosas para aprender.

Mas, apesar de toda a atenção e reconhecimento, Sofia permaneceu humilde e grata pela oportunidade de fazer o que amava e tocar vidas com sua arte.

Um dia, enquanto Sofia caminhava pela floresta, ela encontrou novamente o pássaro Aurora. Ela sorriu e agradeceu ao pássaro por ter compartilhado com ela a importância das asas e a magia da expressão artística.

Aurora olhou para Sofia com ternura e disse: "Minha querida amiga, você entendeu o verdadeiro significado das asas. Não são apenas para voar, mas para nos lembrar da importância de sermos verdadeiros com nós mesmos e de compartilhar nossa luz com o mundo. Você se tornou uma luz brilhante na vida daqueles que te rodeiam."

Sofia abraçou o pássaro com carinho e agradeceu por todas as lições valiosas que havia aprendido. Ela sabia que sua jornada estava apenas começando e que ainda havia muito a explorar e a aprender.

E assim, Sofia continuou a voar com suas asas artísticas, espalhando felicidade, inspiração e amor por meio de suas criações. Sua história se tornou uma fonte de inspiração para muitos, lembrando-os de que todos têm asas dentro de si, prontas para voar e espalhar sua própria magia pelo mundo.

A SINFONIA DA VIDA: CELEBRANDO A MÚSICA DE CADA PESSOA

Era uma vez um mundo onde as pessoas eram comparadas a músicas. Elas entravam na vida da gente e deixavam sinais, como melodias que ecoam em nossa memória. O vento sussurrava como uma sinfonia ao entardecer, e cada manhã trazia acordes de guitarras e metais em um espetáculo sonoro.

Nessa realidade encantadora, aprendemos a olhar para aqueles ao nosso lado e descobrir que seus olhares carregam uma melodia brilhante. Basta olhar profundamente para encontrar a música em seus olhos. Pessoas foram compostas para serem ouvidas, sentidas, compreendidas e interpretadas. Elas trazem uma magia única, capaz de tocar nossas vidas e também as suas próprias, com toda a intensidade do momento em que foram criadas.

Assim como as melodias, as pessoas têm o poder de alçar voos, vibrar com notas distintas e cumprir todo o propósito que lhes foi dado pelo Compositor da vida. Elas são como músicas, como você. Você está ouvindo? Cada pessoa tem uma música única, digna de sucesso, mesmo que não esteja nas paradas musicais ou tocando no rádio.

Nesse mundo musical, aprendemos a valorizar cada pessoa como uma canção especial. Aprendemos a apreciar a diversidade de ritmos e harmonias que cada indivíduo traz consigo. Compreendemos que a beleza está na singularidade de cada melodia, na capacidade de inspirar e emocionar.

Assim, no compasso dessa história, as pessoas encontraram uma conexão profunda umas com as outras. Elas celebraram as diferenças e encontraram harmonias em suas interações. Não importava o estilo, o gênero ou a popularidade, pois todas as pessoas eram peças preciosas nessa grande sinfonia da vida.

E no final das contas, as pessoas perceberam que a verdadeira música está nas relações humanas, nas notas de amor, compaixão e empatia que se entrelaçam a cada acorde compartilhado. Elas descobriram que a melodia da vida ganha mais sentido quando se permite escutar, apreciar e compartilhar a música que cada pessoa traz consigo.

E assim, o mundo se tornou um verdadeiro concerto, onde as pessoas aprenderam a viver em harmonia, criando uma sinfonia de alegria, respeito e amor. E mesmo que seus sons não ressoem pelos alto-falantes, o impacto de suas músicas pessoais ecoa nos corações e transforma o mundo em um lugar mais belo e melódico.

Que essa história nos inspire a valorizar e celebrar a música de cada pessoa que cruza nosso caminho, lembrando que, no imenso palco da vida, todos nós somos compositores e intérpretes, contribuindo para a grande sinfonia da existência.

A ALEGRIA NAS GOTAS DE CHUVA: ENCONTRANDO DIVERSÃO NAS CIRCUNSTÂNCIAS INESPERADAS

Era uma tarde chuvosa e o pequeno Miguel estava empolgado para brincar lá fora. Ele olhou pela janela e viu as gotas de chuva escorrendo pelo vidro. Seu rosto se encheu de decepção, pois sabia que não poderia jogar bola como tinha planejado.

Triste, Miguel se aproximou de sua mãe, que estava na sala. Com os olhos brilhando de expectativa, ele disse: "Mamãe, eu queria tanto brincar lá fora, mas está chovendo. Fico triste quando não posso fazer o que eu quero."

Sua mãe sorriu gentilmente e se sentou ao seu lado. Ela explicou que a chuva era importante para a natureza e para a vida de todos os seres vivos. Disse que, às vezes, não podemos ter tudo o que desejamos no momento que queremos, mas isso não significa que não podemos nos divertir mesmo na chuva.

Miguel olhou para sua mãe com curiosidade, sem entender como poderia se divertir com a chuva. Sua mãe levantou-se e pegou um guarda-chuva colorido no canto da sala. Ela abriu-o e chamou Miguel para acompanhá-la do lado de fora.

Com o guarda-chuva protegendo-os da chuva, mãe e filho deram alguns passos no jardim. Miguel sentiu a água gelada caindo sobre ele e ficou intrigado com o som da chuva batendo no guarda-chuva. Sua mãe começou a pular nas poças d'água, rindo e se divertindo.

Curioso, Miguel seguiu o exemplo de sua mãe e começou a pular nas poças também. Aos poucos, ele percebeu que a chuva não era um obstáculo para se divertir. Era apenas uma mudança de planos, uma oportunidade de encontrar novas maneiras de aproveitar o momento.

Enquanto Miguel e sua mãe pulavam nas poças, a risada ecoava pelo jardim. Eles não precisavam de um campo de futebol seco para jogar bola. Eles estavam criando memórias especiais sob a chuva.

Depois de algum tempo, a chuva começou a diminuir e Miguel olhou para sua mãe com um sorriso radiante. Ele percebeu que, mesmo que nem sempre recebamos o que desejamos no momento exato, podemos encontrar alegria e diversão nas circunstâncias que temos.

Sua mãe abriu o guarda-chuva novamente e os dois voltaram para dentro de casa, encharcados, mas cheios de felicidade. Miguel aprendeu uma lição valiosa naquele dia: a importância de ter paciência e encontrar alegria, mesmo quando as coisas não acontecem como esperamos.

Nos dias seguintes, Miguel não se entristeceu mais com a chuva. Ele sabia que poderia encontrar diversão e felicidade mesmo em dias nublados. E quando finalmente o sol voltou a brilhar, ele aproveitou ainda mais a oportunidade de jogar bola lá fora. Aprendeu que a paciência e a perseverança são recompensadas e que as melhores memórias muitas vezes são feitas nas situações mais inesperadas.

A JORNADA DA AUTENTICIDADE: DESCOBRINDO O AMOR-PRÓPRIO E A FELICIDADE VERDADEIRA

Era uma vez um jovem chamado Lucas, um sonhador incorrigível em busca do grande amor. No entanto, ao longo de sua vida, ele experimentou muitas decepções e dores causadas por relacionamentos desgastantes. Cansado de tentar encontrar a felicidade nos braços de outras pessoas, ele decidiu se concentrar em si mesmo e buscar a verdadeira aceitação.

Lucas entendia que a vida era uma jornada de aprendizado e que cada experiência trazia consigo uma lição valiosa. Ele ansiava por encontrar a ciência do amor-próprio, aprender a gostar de si mesmo exatamente como era, sem precisar se moldar para agradar aos outros.

Ele se via como a ponta de um lápis que alguém desperdiçou, uma onda brava que foi quebrada e deixada de lado. Mas também era a mancha roxa na coxa de alguém, o corte em um lábio ressecado, o vento que balançava os cabelos de alguém no metrô. Ele era uma mistura de imperfeições que contava uma história única.

Lucas compreendeu que a vida era curta demais para viver preso em padrões que não o representavam verdadeiramente. Ele encontrou esperança dançando no fundo de si mesmo, sussurrando palavras de coragem e autenticidade. E foi assim que ele decidiu abraçar a pessoa que era, sem mais desculpas ou culpas.

Ele não aceitaria mais ser responsabilizado pelo que não tinha feito. Ele não se deixaria definir por uma adolescência envelhecida, mas sim pela consciência de que podia seguir em frente, livre para ser exatamente como era, sem reservas.

TRAZENDO À TONA A VIDA: JORNADAS DE AMOR, AUTENTICIDADE E LIBERDADE

E, finalmente, Lucas descobriu que o cabelo amarelo dele cabia em qualquer coração. Ele não precisava se derreter como gelo ao tocar o vulcão dos outros. Ele tinha o poder de ser autêntico e verdadeiro consigo mesmo.

A chuva que tardou tanto em chegar finalmente veio, trazendo renovação. A escuridão que o cercava foi embora, dando lugar à sua luz interior. Ele se quebrou como gesso, mas também se regenerou como um osso. A alegria que ele já não esperava finalmente chegou, e ele a acolheu de braços abertos.

Lucas compreendeu que tudo valia algum amor. Cada experiência, cada erro, cada ferida, tudo tinha seu valor. Ele se libertou das amarras do passado e abraçou a si mesmo, dizendo "sim" para a sua própria jornada.

A vida continuou, e Lucas aprendeu a viver de acordo com seu verdadeiro eu. Ele encontrou um amor genuíno dentro de si mesmo, e isso irradiava para todas as áreas de sua vida. Ele sabia que ser ele mesmo era o único caminho para a felicidade verdadeira.

E assim, Lucas seguiu em frente, abraçando sua autenticidade, sabendo que tudo valia algum amor. E na jornada da vida, ele descobriu que ser quem ele era era a maior bênção que poderia receber.

ENCONTRANDO O EQUILÍBRIO: A BUSCA POR SOLUÇÕES JUSTAS NO VALE DAS FLORES

Havia uma pequena comunidade chamada Vale das Flores, onde as pessoas viviam em harmonia e paz. Um dia, um forasteiro chegou ao vale e começou a se envolver na vida das pessoas de maneiras negativas. Ele era manipulador, controlador e constantemente desrespeitava os limites dos outros.

Conforme o forasteiro ganhava poder e influência, ele começou a exercer sua vontade sobre os habitantes do Vale das Flores, destruindo a harmonia que existia anteriormente. Ele espalhava discórdia, incitava conflitos e impunha suas opiniões sobre os outros, sufocando sua liberdade e autonomia.

À medida que a comunidade testemunhava a destruição causada pelo forasteiro, surgiram questões complexas sobre o direito e a obrigação de interferir. Alguns acreditavam que cada pessoa é responsável por suas próprias escolhas e que era necessário respeitar a liberdade individual, mesmo que resultasse em consequências negativas.

Outros, porém, não podiam ficar indiferentes diante da injustiça e do sofrimento que o forasteiro causava. Eles viam a situação como um relacionamento abusivo em grande escala e sentiam a necessidade de agir para proteger os inocentes e restaurar a paz.

Assim, a comunidade enfrentou um dilema moral semelhante ao enfrentado por uma pessoa diante de um relacionamento abusivo de uma amiga. Onde terminava a omissão e começava a invasão? Até que ponto tinham o direito e a obrigação de interferir?

As opiniões divergiam e debates acalorados surgiram entre os habitantes do Vale das Flores. Enquanto alguns defendiam a não inter-

TRAZENDO À TONA A VIDA: JORNADAS DE AMOR, AUTENTICIDADE E LIBERDADE

ferência, acreditando que cada indivíduo deveria resolver seus próprios problemas, outros defendiam a intervenção ativa para proteger os mais vulneráveis e restaurar a harmonia da comunidade.

O dilema político e moral que enfrentavam refletia a complexidade das relações humanas. A mesma dinâmica se aplicava nas relações diplomáticas, onde a comunidade internacional confrontava situações de guerra civil e massacres genocidas. As mesmas questões surgiam: até que ponto a intervenção era necessária? Até que ponto se respeitava a soberania de uma nação?

Nesse contexto, não havia uma resposta fácil ou simples. Cada pessoa, cada comunidade e cada nação precisava examinar cuidadosamente os valores e princípios que as guiavam, buscando encontrar um equilíbrio entre o respeito pelos direitos individuais e a responsabilidade coletiva de proteger e promover o bem-estar de todos.

O dilema moral continuava a desafiar a comunidade do Vale das Flores. Enquanto alguns insistiam na não interferência, outros não podiam simplesmente ficar de braços cruzados diante da destruição. À medida que a tensão aumentava, a comunidade do Vale das Flores percebeu que era necessário buscar uma solução que levasse em consideração tanto a proteção dos indivíduos afetados quanto o respeito pela autonomia de cada pessoa.

Uma assembleia foi convocada, reunindo os moradores do vale para debater e encontrar uma resposta para o dilema moral que enfrentavam. A discussão foi acalorada, com diferentes perspectivas sendo apresentadas e argumentos convincentes sendo expostos.

Aqueles que defendiam a não interferência ressaltaram a importância de respeitar a vontade individual e permitir que cada pessoa aprendesse com suas próprias experiências, mesmo que isso significasse enfrentar momentos difíceis. Eles argumentavam que a intervenção poderia comprometer a liberdade individual e abrir precedentes perigosos.

Por outro lado, os defensores da intervenção ativa enfatizaram a necessidade de proteger os vulneráveis e restaurar a paz na comunidade. Eles argumentavam que o bem-estar coletivo era igualmente importante e que, em certos casos, era necessário agir em prol do bem maior, mesmo que isso implicasse invadir a esfera pessoal de alguém.

Conforme o debate progredia, uma voz surgiu entre os presentes. Era um ancião sábio, respeitado por sua sabedoria e experiência. Ele compartilhou uma história antiga que trazia uma perspectiva valiosa para o dilema em questão.

Ele contou sobre um reino distante, onde um líder benevolente governava com justiça e sabedoria. O líder entendia a importância de equilibrar a autonomia individual com a responsabilidade coletiva. Ele não interferia desnecessariamente na vida de seus súditos, mas estava sempre atento aos sinais de injustiça e sofrimento.

Quando uma situação de abuso ou destruição surgia em seu reino, o líder agia com compaixão e sabedoria, buscando a harmonia e o bem-estar de todos. Ele compreendia que, às vezes, a intervenção era necessária para proteger os mais fracos e restabelecer a paz, mas sempre com respeito pelos direitos e dignidade de cada indivíduo.

Ao ouvirem essa história, os moradores do Vale das Flores perceberam que a resposta não era uma escolha entre a total omissão e a invasão, mas sim um equilíbrio entre ambas. Eles entenderam que a intervenção não precisava ser imposta de forma autoritária, mas sim conduzida com compaixão, diálogo e respeito mútuo.

Assim, a comunidade do Vale das Flores decidiu formar um conselho de mediação e resolução de conflitos. Esse conselho seria responsável por identificar situações em que a intervenção fosse necessária, buscando abordagens pacíficas e justas para lidar com os problemas.

Dessa forma, o Vale das Flores encontrou uma resposta para seu dilema moral. Eles entenderam que a questão não era apenas sobre o direito ou obrigação de interferir, mas sim sobre como agir de maneira responsável e compassiva diante do sofrimento e da injustiça.

A partir desse momento, a comunidade do Vale das Flores se uniu para promover a harmonia, o respeito e a igualdade em suas relações humanas. Eles aprenderam a lidar com os desafios políticos e morais que surgiam em seu caminho, buscando sempre o equilíbrio entre a liberdade individual e a responsabilidade coletiva.

E assim, o Vale das Flores se tornou um exemplo de como enfrentar dilemas complexos, reconhecendo a importância do diálogo, da empatia e da busca por soluções justas em meio às dificuldades da vida.

A SABEDORIA DA INCERTEZA: A JORNADA DA ALDEIA DA DÚVIDA

Era uma vez uma pequena cidade chamada Aldeia da Dúvida, onde as pessoas tinham uma abordagem peculiar para lidar com as incertezas da vida. Em vez de confiarem cegamente em suas próprias certezas ou tentarem impor suas visões sobre os outros, elas adotaram uma mentalidade de questionamento constante e humildade.

Nessa cidade, as pessoas compreendiam a fragilidade das certezas absolutas e reconheciam que suas percepções e julgamentos poderiam estar sujeitos a erros. Eles se perguntavam: "E se estivermos errados?" E essa pergunta os levava a abraçar uma postura mais aberta e tolerante em relação a si mesmos e aos outros.

Em Aldeia da Dúvida, as pessoas aprendiam a reconhecer seus próprios pontos cegos e a questionar suas próprias crenças. Ao invés de se entregarem ao egocentrismo autocongratulatório, elas se permitiam considerar diferentes perspectivas e admitir a possibilidade de estarem equivocadas.

Essa atitude também se estendia às suas relações com os outros. Em vez de assumirem que sabiam o que era melhor para alguém ou que entendiam completamente a vida do outro, eles abraçavam a ideia de que poderiam estar enganados. Eles valorizavam a individualidade e a autonomia de cada pessoa, evitando interferências invasivas em suas vidas.

Quando surgiam conflitos ou desentendimentos na Aldeia da Dúvida, as pessoas buscavam resolver as questões por meio do diálogo e do entendimento mútuo. Em vez de impor suas opiniões, elas se esforçavam para compreender os diferentes pontos de vista, sempre considerando a possibilidade de estarem erradas.

Essa mentalidade de questionamento constante e humildade permitia que a comunidade da Aldeia da Dúvida florescesse em meio à diversidade de opiniões e experiências. As pessoas valorizavam a troca de ideias e a aprendizagem contínua, reconhecendo que a verdade muitas vezes é complexa e multifacetada.

À medida que a Aldeia da Dúvida crescia, ela se tornava conhecida por sua abordagem única e sua capacidade de lidar com os desafios da vida de forma respeitosa e tolerante. As pessoas de outras cidades vinham em busca de orientação e inspiração, esperando aprender a arte do questionamento e da humildade.

E assim, a Aldeia da Dúvida se tornou um farol de sabedoria, ensinando a todos que a incerteza não precisa ser temida, mas sim abraçada como uma oportunidade para crescimento pessoal e compreensão mútua. Nessa cidade, a pergunta "E se estivermos errados?" era um lembrete constante de que o verdadeiro conhecimento começa quando reconhecemos nossas próprias limitações e abrimos espaço para a possibilidade de novas descobertas.

DESPERTANDO DA MONOTONIA: REDESCOBRINDO A ESSÊNCIA DA VIDA

Era uma vez uma pessoa que se acostumou a viver em um mundo de rotinas e convenções. Ela morava em um pequeno apartamento de fundos, onde as janelas estavam cercadas por outras construções. Acostumou-se tanto com aquela vista limitada que deixou de olhar para fora, deixou de abrir as cortinas, e a luz artificial tornou-se sua única companhia.

Cada dia começava com um despertar sobressaltado, correndo para se arrumar e tomar café apressadamente. A vida era uma corrida contra o tempo, lendo jornais no ônibus, comendo sanduíches rapidamente e cochilando em meio à exaustão. As noites chegavam e a pessoa deitava cedo, sem ter aproveitado plenamente o dia.

Aos poucos, essa pessoa foi se acostumando a viver em um mundo cheio de conflitos e guerras. Acostumou-se a ler sobre mortes e números, aceitando a violência como algo inevitável. Perdeu a esperança nas negociações de paz, vivendo na sombra dos conflitos constantes. A vida tornou-se um ciclo vicioso de más notícias e descrença.

No convívio social, acostumou-se a ser ignorada, a sorrir sem receber sorrisos de volta. A pagar por tudo o que desejava e necessitava, trabalhando cada vez mais para ganhar dinheiro para pagar por coisas que valiam menos do que custavam. Entrou em uma corrida sem fim, em filas intermináveis e pagando cada vez mais caro por tudo.

A pessoa se acostumou também à poluição, à luz artificial, ao consumismo desenfreado. Perdeu a conexão com a natureza, deixou de ouvir os passarinhos, de sentir o cheiro das flores, de colher frutas frescas. A vida perdeu sua essência, sendo preenchida por preocupações superficiais e uma busca incessante por bens materiais.

E assim, a pessoa foi se acostumando a tantas coisas para evitar o sofrimento, para não se ferir nas asperezas da vida. A cada pequena dose de adaptação, ela deixava um pouco de si mesma para trás. A vida se esvaía lentamente, consumida por uma rotina vazia e desconectada da verdadeira essência.

No entanto, em meio a essa monotonia, uma faísca de consciência surgiu. A pessoa começou a questionar se essa forma de viver realmente a preenchia, se era esse o propósito de sua existência. Um despertar aconteceu, e com ele veio a coragem de mudar.

Aos poucos, a pessoa abandonou as convenções, buscou reconectar-se com a natureza, valorizar as relações humanas genuínas e encontrar a alegria nos pequenos prazeres da vida. Ela passou a olhar para fora, a abrir as cortinas e deixar a luz natural entrar em seu espaço.

Aos poucos, a pessoa descobriu uma vida mais autêntica e significativa. Deixou para trás as amarras do conformismo, aprendeu a saborear a liberdade e a simplicidade. Aprendeu a viver cada dia como uma oportunidade de descobrir novas cores, novos sabores, novas experiências.

E assim, aquela pessoa, que um dia se acostumou a tudo, decidiu que a vida era muito preciosa para ser vivida em piloto automático. Ela escolheu desafiar as convenções, buscar a verdadeira essência da existência e reencontrar a si mesma.

E essa história serve de lembrete para todos nós: não nos acostumemos a uma vida limitada, não nos percamos em meio às convenções e ao conformismo. Busquemos sempre a autenticidade, a conexão com o que é verdadeiro e a capacidade de enxergar a beleza nas coisas simples.

Que cada um de nós seja capaz de despertar desse sono profundo do acostumar, e viver plenamente a vida que nos é tão preciosa.

A JORNADA DE PERCIVAL: A BUSCA INTERNA PELO SANTO GRAAL DA COMPAIXÃO

Havia uma lenda antiga, que ecoava ao longo dos séculos, contando a história do Santo Graal. Dizia-se que esse objeto sagrado era o cálice usado por Jesus na Última Ceia, e mais tarde utilizado para recolher seu sangue na cruz. Esse tesouro religioso e místico despertava a cobiça e a esperança de muitos, mas poucos se aventuravam em busca dele.

No coração dessa história estava o nobre cavaleiro Percival, um membro valente e dedicado da lendária Távola Redonda. Impelido por sua devoção e sede de glória, Percival decidiu embarcar em uma jornada épica para encontrar o Santo Graal. Percorrendo terras distantes e enfrentando inúmeras batalhas, ele se envolveu em diversas desventuras ao longo do caminho.

No início de sua peregrinação, Percival teve um encontro com o Rei Ferido, um velho soberano cujo corpo estava paralisado e marcado pela dor e sofrimento. Apesar do breve encontro, o cavaleiro seguiu adiante, completamente absorvido por sua busca. O Rei Ferido parecia ser apenas mais uma figura passageira em sua jornada em busca do Santo Graal.

Os anos se passaram, e Percival, desiludido e desenganado por seu fracasso em encontrar o tão almejado Graal, se aproximava do fim de sua jornada. Era um homem cansado e desesperançoso, carregando consigo as marcas de uma busca incansável. Porém, o destino reservava uma surpresa a ele.

Em suas últimas descobertas, Percival ficou sabendo que o Rei Ferido, a quem ele havia encontrado décadas antes, era secretamente o último guardião da linhagem do Graal. O cavaleiro percebeu que naquele dia, no início de sua peregrinação, sua busca poderia ter se encerrado.

O Rei Ferido, de alguma forma misteriosa, teria sido curado magicamente e o Santo Graal teria sido encontrado, se apenas Percival tivesse feito a pergunta correta, a pergunta salvadora, a pergunta atenciosa.

Por que você está sofrendo? Qual é a fonte do seu sofrimento? Como posso ajudar?

Essas palavras ressoavam na mente de Percival, uma verdadeira revelação que lhe atravessava o coração. Ele compreendeu que a jornada em busca do Graal não se tratava apenas de uma busca externa, mas também de uma jornada interna de autodescoberta e compaixão. Ele havia negligenciado o sofrimento do Rei Ferido, pois estava tão absorvido em sua própria busca que não enxergou a oportunidade de ser um instrumento de cura e redenção.

Enquanto as palavras ecoavam em sua mente, Percival sentiu um misto de tristeza e gratidão. Tristeza por ter perdido a chance de cumprir seu propósito original e gratidão por finalmente compreender o verdadeiro significado de sua busca. O Santo Graal era mais do que um objeto físico; era a manifestação do amor incondicional, da compaixão e do cuidado pelos outros.

Com essa nova perspectiva, Percival retornou ao local onde havia encontrado o Rei Ferido, mas já era tarde demais. O velho soberano havia partido deste mundo, levando consigo o segredo do Graal. Percival ajoelhou-se junto ao túmulo do Rei Ferido e jurou que seu legado não seria em vão. Ele dedicaria o restante de sua vida a ajudar os outros, a aliviar o sofrimento e a buscar a verdadeira essência do Graal por meio das ações benevolentes.

E assim, o cavaleiro Percival, impulsionado por sua nova compreensão, tornou-se um símbolo de compaixão e esperança em tempos sombrios. Sua busca não mais se limitava a encontrar um objeto, mas a espalhar amor e cura por onde passasse. O Santo Graal, agora, residia em seu coração, e ele se tornou o próprio guardião dessa relíquia sagrada, transmitindo seus ensinamentos às gerações futuras.

A lenda de Percival e o Santo Graal viveria para sempre, ensinando aos corações valentes que a verdadeira busca da vida reside na capacidade de amar, de ajudar o próximo e de fazer a pergunta correta quando se depara com o sofrimento. Pois, às vezes, as respostas que tanto procuramos estão nas pequenas ações de compaixão e no cuidado dos outros.

O DESPERTAR DA BONECA DE SAL: A BUSCA PELA UNIDADE E A ESSÊNCIA DO MAR

Era uma vez uma boneca de sal que, após peregrinar por terras áridas, encontrou-se diante do mar, um imenso e misterioso oceano. Curiosa e sedenta por conhecimento, a boneca de sal aproximou-se e questionou ao mar: "Quem é você?"

Com uma voz calma e profunda, o mar respondeu: "Eu sou o mar".

Perplexa, a boneca de sal continuou: "Mas o que é o mar?"

Com paciência, o mar respondeu novamente: "O mar sou eu".

Confusa, a boneca de sal admitiu: "Não entendo, mas gostaria muito de compreender. Como faço?"

O mar, com sabedoria infinita, sugeriu: "Encoste em mim".

Com receio, a boneca de sal estendeu timidamente as pontas dos dedos do pé em direção ao mar. Enquanto fazia isso, sentiu que uma compreensão começava a surgir, mas também percebeu que estava perdendo partes de si mesma, dissolvendo-se na água salgada.

Desesperada, a boneca de sal exclamou: "Mar, o que você fez!?"

O mar, sereno como sempre, respondeu: "Eu te concedi um pouco de entendimento, e, em troca, você me deu um pouco de você. Para compreender plenamente, é preciso dar-se por completo."

Movida pela ânsia de conhecimento, mas ao mesmo tempo tomada pelo medo, a boneca de sal decidiu adentrar cada vez mais no mar. À medida que mergulhava, sua essência se desfazia, mas sua compreensão da grandiosidade do mar e da natureza se ampliava. No entanto, algo ainda lhe escapava.

Determinada, a boneca de sal questionou novamente: "Afinal, o que é o mar?"

Então, uma onda envolveu-a por completo. No último instante de sua consciência individual, antes de se diluir completamente na água, a boneca de sal sussurrou: "O mar... O mar sou eu!"

Nesse momento, compreendeu que desapegar do ego individual não implicava negar a verdadeira identidade pessoal, mas sim afirmar a verdadeira identidade coletiva. Ela percebeu que somos parte de um todo maior, intrinsecamente conectados com o universo. Assim como o mar abrange cada gota d'água, somos uma parte essencial da vastidão que nos cerca.

A história da boneca de sal nos ensina que, ao transcendermos a noção limitada de nós mesmos e nos abrirmos para a interconexão com o mundo, alcançamos um entendimento mais profundo e verdadeiro. Somos convidados a reconhecer que somos o mar, somos a natureza e somos tudo que nos cerca. Ao nos entregarmos ao fluxo universal, encontramos nossa verdadeira essência e descobrimos que a sabedoria reside na unidade.

O SORRISO MÁGICO DE SOFIA: TRANSFORMANDO UMA CIDADE COM ALEGRIA E ESPERANÇA

Era uma vez uma pequena cidade onde todos os habitantes viviam sérios e preocupados. Não havia muito espaço para sorrisos ou alegria naquele lugar. As ruas eram cinzentas, os rostos das pessoas refletiam tristeza e o clima geral era de melancolia.

No entanto, em meio a essa atmosfera sombria, vivia uma garotinha chamada Sofia. Sofia possuía um sorriso radiante que iluminava seu rosto e contagiava todos ao seu redor. Ela era conhecida como a "Menina do Sorriso Mágico".

Certa manhã, enquanto caminhava pelas ruas da cidade, Sofia percebeu que, sempre que sorria para alguém, algo mágico acontecia. As pessoas começavam a se transformar. Seus semblantes tristes se suavizavam, os ombros relaxavam e um brilho de esperança surgia em seus olhos.

Intrigada e entusiasmada com essa descoberta, Sofia decidiu testar seus poderes de sorriso. Ela sorriu para o padeiro que estava abrindo sua padaria, e o homem, que normalmente parecia cansado e desanimado, começou a cantarolar uma música alegre enquanto preparava os pães. Sofia sorriu para a senhora idosa que varria a calçada em frente à sua casa, e a senhora começou a dançar alegremente com a vassoura.

À medida que Sofia sorria para mais pessoas, a atmosfera da cidade começou a se transformar. As ruas ganharam cores vibrantes, as flores desabrocharam e os pássaros começaram a cantar melodias suaves. Os habitantes da cidade, antes tristes e preocupados, começaram a se cumprimentar com sorrisos e abraços calorosos.

O poder do sorriso de Sofia não se limitava apenas às pessoas. Os animais também pareciam ser tocados por sua alegria contagiante. Os cães abanavam seus rabos com entusiasmo, os gatos se esfregavam em suas pernas e os pássaros pousavam em seu ombro, cantando em harmonia.

A notícia sobre a "Menina do Sorriso Mágico" se espalhou rapidamente pela cidade e além de suas fronteiras. Pessoas de outras cidades viajavam para conhecer Sofia e receber um pouco do poder transformador de seu sorriso. Ela se tornou uma verdadeira embaixadora da alegria e da bondade.

Com o tempo, a cidade que antes era triste se tornou conhecida como a "Cidade dos Sorrisos". As pessoas aprenderam a valorizar os momentos de felicidade, a compartilhar alegria e a apreciar as pequenas coisas da vida. O sorriso se tornou uma moeda de troca, uma linguagem universal que unia a todos.

E assim, graças a uma simples garotinha e seu sorriso mágico, uma cidade inteira foi transformada. O poder de um sorriso se mostrou capaz de iluminar até mesmo os lugares mais sombrios e trazer esperança e felicidade para aqueles que acreditavam ter perdido a capacidade de sorrir.

A história de Sofia nos ensina a importância de valorizar e compartilhar a alegria em nossas vidas. Quando sorrimos, abrimos portas para a felicidade, contagiamos os outros e transformamos o mundo ao nosso redor. Que possamos sempre lembrar do poder do sorriso e espalhar sua magia onde quer que estejamos.

DESLIZANDO PELA VIDA: A JORNADA DE MARINA NA PATINAÇÃO E ALÉM

Era uma vez uma jovem chamada Marina, que tinha uma paixão pela patinação. Ela adorava a sensação de liberdade e fluidez que a atividade proporcionava. Mas Marina descobriu que a patinação não se limitava apenas aos momentos em que estava em cima dos patins. Ela percebeu que a vida em si era uma jornada de patinação, cheia de desafios, quedas e momentos de frustração.

Marina sempre teve grandes objetivos e sonhos em mente. Ela imaginava seu futuro como uma linha reta em direção a essas metas, onde cada passo a aproximaria do sucesso. No entanto, ela logo descobriu que progredir na vida não era tão simples quanto imaginava.

Em vez de seguir um caminho retilíneo em direção aos seus objetivos, Marina se viu escorregando e tropeçando ao longo do caminho. Ela experimentou momentos de incerteza, momentos em que parecia que estava patinando em círculos, e não avançando.

No começo, Marina se sentia frustrada e desencorajada. Ela questionava se havia algo errado com ela, se estava quebrada de alguma forma. Mas, aos poucos, ela começou a entender que esse processo de patinação era parte natural da jornada da vida.

Ela percebeu que sua mente estava tentando protegê-la do desconhecido, empurrando-a para continuar fazendo o que era mais confortável e familiar. Mas Marina decidiu não se acomodar com isso. Ela decidiu abraçar os desafios e os caminhos inesperados que surgiam em seu caminho.

Em vez de enxergar suas metas como uma linha de chegada, Marina as viu como uma direção. Ela compreendeu que a vida estava cheia de reviravoltas e que o importante era manter-se em movimento, mesmo que de maneira não linear.

Marina decidiu patinar sem culpa. Ela não se deixaria abater por eventuais quedas ou contratempos. Ela entenderia que esses momentos não definiam quem ela era, mas eram apenas parte do processo de aprendizado e crescimento.

E assim, Marina continuou sua jornada de patinação na vida. Ela enfrentou os desafios com coragem e entusiasmo, abraçando cada oportunidade de aprender e crescer. Ela descobriu que, mesmo nos momentos mais difíceis, havia uma beleza na jornada e uma satisfação em persistir.

Com o tempo, Marina começou a progredir de maneira mais consistente. Ela não apenas se tornou uma patinadora habilidosa, mas também uma pessoa resiliente e determinada em todos os aspectos da vida. Ela entendeu que a verdadeira conquista estava na jornada em si, não apenas na linha de chegada.

E assim, Marina continuou a patinar pela vida, deslizando graciosamente, mesmo quando as quedas e os desafios apareciam. Ela se tornou uma inspiração para os outros ao seu redor, mostrando que é possível abraçar as dificuldades e seguir em frente com confiança.

E a lição que Marina compartilhou com o mundo foi que, ao patinar pela vida, devemos nos permitir ser flexíveis, adaptáveis e persistentes. Não importa quantas vezes caiamos, o importante é levantar, continuar e aproveitar cada momento dessa incrível jornada.

A DANÇA DO EQUILÍBRIO: A METÁFORA DO COPO NA JORNADA DE LUCAS ENTRE RAZÃO E EMOÇÃO

Era uma vez um homem chamado Lucas, que sempre teve o costume de analisar suas emoções e pensamentos de forma metafórica. Recentemente, durante uma discussão acalorada, ele fez uma reflexão interessante sobre a relação entre razão e emoção, comparando-a a um copo cheio de água e areia.

Lucas percebeu que quando estava calmo e sereno, a água e a areia no copo permaneciam separadas, e ele conseguia enxergar as situações com clareza. A água representava a razão, a capacidade de pensar de forma lógica e ponderada, enquanto a areia simbolizava as emoções, os sentimentos intensos que muitas vezes podem turvar nosso julgamento.

No entanto, quando Lucas se envolvia em discussões acaloradas ou experimentava emoções intensas, ele sentia como se estivesse chacoalhando o copo, fazendo com que a água e a areia se misturassem. A clareza de suas ideias se perdia e ele se via enxergando as circunstâncias de forma distorcida, como se estivesse usando óculos embaçados.

Lucas percebeu que nesses momentos turbulentos, era mais propenso a tomar decisões precipitadas e impensadas, como agir impulsivamente ou ceder a desejos momentâneos, como o exemplo do McLanche Feliz apenas pelo brinquedo. Ele reconheceu que essa não era a melhor forma de agir.

No entanto, Lucas também percebeu que se ele tivesse a coragem e a disciplina para pausar e respirar fundo durante esses momentos de turbulência emocional, a água e a areia começavam a se acalmar gradualmente. Aos poucos, a clareza e a serenidade retornavam, e ele podia ver as situações de forma mais equilibrada e racional.

Em outras palavras, Lucas compreendeu que, ao dar um tempo para as emoções se acalmarem, o dragão da raiva e impulsividade se transformava em um poodle toy, uma versão muito mais amigável e controlada de si mesmo. Ele não queria tomar decisões baseadas em momentos de desequilíbrio emocional, mas sim agir de forma consciente e coerente com seus valores.

A partir desse momento, Lucas decidiu adotar uma abordagem mais consciente em suas decisões. Antes de agir, ele se fazia a pergunta: "Eu beberia a água do meu copo nesse momento?" Essa pergunta simbolizava a necessidade de avaliar se a sua decisão era realmente alinhada com sua razão e valores, ou se estava sendo influenciada por emoções momentâneas.

Ao tomar essa pausa para refletir, Lucas se permitia voltar ao seu estado de clareza e discernimento. Ele aprendeu a reconhecer a importância de equilibrar razão e emoção, e a tomar decisões mais conscientes e ponderadas em sua vida.

E assim, Lucas seguiu seu caminho, consciente de que a água e a areia poderiam se misturar ocasionalmente, mas que ele tinha o poder de restaurar o equilíbrio em sua mente e agir de forma alinhada com seus valores mais profundos. A metáfora do copo se tornou um lembrete constante para ele, um símbolo de sua jornada em busca de uma vida mais consciente e equilibrada.

A LIBERDADE ALÉM DOS RÓTULOS: A JORNADA DE CLARA EM BUSCA DA AUTENTICIDADE

Era uma vez uma jovem chamada Clara, uma pessoa curiosa e questionadora. Desde pequena, ela notou que as pessoas ao seu redor tinham o hábito de rotular tudo e todos, como se tivessem uma máquina de etiquetas nas mãos. Ela observava como as plantas eram rotuladas como vegetais, os cachorros como amigos e até mesmo o vizinho mal-humorado como um patife desmamado.

Clara reconhecia que os rótulos podiam ser úteis para classificar e compreender o mundo, mas também sabia que eles podiam limitar nossa visão e aprisionar tanto quem somos quanto os outros.

Ela acreditava que, embora seja sensato rotular um rinoceronte como perigoso para sua segurança pessoal, era imprudente acreditar que ela mesma deveria ser exatamente o que os outros decidiam. Clara sabia que cada pessoa é única e possui o potencial de se transformar, crescer e descobrir diferentes aspectos de si mesma.

Assim, Clara convidava as pessoas a questionarem os rótulos com frequência. Ela acreditava que nada é estático, tudo está em constante mudança e evolução. Talvez o vizinho mal-humorado estivesse passando por dificuldades e precisasse de um gesto de compreensão e empatia. O engenheiro de ontem poderia se tornar o poeta de amanhã, e o mesmo valia para ela mesma.

Clara entendia que resistir à mudança era o mesmo que resistir ao crescimento pessoal. Ela sabia que, ao criarmos nossa própria noção de realidade, corremos o risco de rejeitar qualquer outra possibilidade que seja contrária à nossa visão limitada. Isso nos tornaria verdadeiras pedras, inflexíveis e intolerantes.

Ela percebeu que a intolerância não se limitava apenas aos outros, mas também a nós mesmos. Ao nos rotularmos rigidamente, colocamos barreiras em nosso próprio crescimento e nos privamos de explorar todo o nosso potencial.

Motivada por essa reflexão, Clara decidiu fazer uma jornada interna. Ela imaginou-se caminhando pelas prateleiras de sua mente, onde estavam guardadas as etiquetas empoeiradas. Com coragem, ela começou a questionar e desafiar essas etiquetas, reconhecendo que elas não definiam quem ela era de verdade.

Conforme Clara explorava suas prateleiras internas, ela se permitia abraçar a mudança e descobrir novas facetas de si mesma. Ela aprendeu a aceitar a fluidez da vida e a acolher diferentes possibilidades. Ao fazer isso, ela desenvolveu uma maior compreensão e tolerância não apenas em relação aos outros, mas também consigo mesma.

E assim, Clara continuou sua jornada de autodescoberta, sempre questionando os rótulos e abraçando a mudança. Ela sabia que a verdadeira liberdade estava em se permitir ser quem realmente era, sem as amarras dos rótulos e das expectativas alheias.

ENFRENTANDO AS SOMBRAS: A JORNADA DE MAURÍCIO RUMO AO AUTOCONHECIMENTO E ACEITAÇÃO

Havia uma pessoa chamada Maurício que, por muito tempo, acreditava que a melhor forma de lidar com pensamentos e emoções negativas era simplesmente escondê-los. Ele os trancava em uma gaveta imaginária, com uma sirene alta e irritante que o impedia de acessá-los.

Mas com o tempo, Maurício percebeu que essa estratégia não funcionava tão bem quanto ele imaginava. Ignorar algo não significa que ele deixe de existir. Era como caminhar por uma sala com os olhos fechados e acreditar que não havia móveis lá. Por mais que ele acreditasse nisso, inevitavelmente acabaria esbarrando em alguma coisa.

Ao esconder suas emoções e pensamentos negativos, Maurício percebeu que não estava fazendo nada positivo. Na verdade, ele estava apenas dando mais poder a essas coisas que o machucavam, permitindo que elas exercessem um controle cada vez maior sobre sua vida.

Foi então que Maurício percebeu que, se ele mesmo não fosse compreensivo e atencioso com seus próprios problemas e falhas, ninguém seria. Ele compreendeu que não há nada de errado em passar por dificuldades, sentir tristeza, falta de motivação ou falta de esperança. Ele não era uma aberração e não precisava sentir culpa por isso.

Maurício compreendeu que, no processo de construção de si mesmo, cada problema que enfrentamos é como um tijolo na construção de uma casa. Não é possível construir uma casa sem tijolos, assim como não é possível construir uma vida significativa sem enfrentar desafios.

Embora Maurício não tenha escolhido ter problemas sérios como a depressão, ele sabia que tinha a escolha de encará-los de frente ou evitá-los. Ele reconheceu que olhar para suas dificuldades exigia coragem, mas também entendia que não é contornando a floresta que se chega ao outro lado, e sim cortando caminho por meio dela.

Maurício tinha consciência de que a dor é passageira, mas o resultado de enfrentá-la é duradouro. Ele decidiu que não queria mais fugir de si mesmo. Em vez disso, estava disposto a encarar suas emoções, seus pensamentos negativos e suas dificuldades com coragem e compaixão.

E assim, Maurício descobriu um novo caminho em sua jornada de autoconhecimento e aceitação. Ele aprendeu a abraçar suas imperfeições e a buscar apoio e ajuda quando necessário. Ele também encontrou conforto em saber que não estava sozinho em sua jornada. Havia pessoas ao seu redor dispostas a apoiá-lo, mesmo com suas próprias limitações.

Maurício entendeu que, apesar de todas as adversidades, ele estava em constante construção, assim como todos os seres humanos. Ele estava disposto a se dedicar ao processo de crescimento pessoal, enfrentando suas emoções e desafios de frente, sabendo que cada passo dado em direção à compreensão de si mesmo o aproximava de uma vida mais autêntica e significativa.

A AMIZADE QUE VOOU ALTO: LUCAS E MELINDA NA TERRA DA AVENTURA

Era uma vez uma cidadezinha cercada por uma imensa floresta. Nessa cidade, vivia um garoto chamado Lucas, que era conhecido por sua curiosidade e amor pela natureza. Todos os dias, Lucas saía para explorar a floresta em busca de aventuras.

Um dia, enquanto caminhava pela trilha, Lucas avistou uma criaturinha presa em uma teia de aranha. Era uma abelha chamada Melinda. Suas asas estavam presas pelos fios pegajosos, e ela lutava para se soltar.

Lucas se aproximou com cuidado e percebeu que Melinda estava com medo. Ele sabia que a abelha estava em apuros e precisava de ajuda. Com um gesto delicado, Lucas pegou um galho seco caído no chão e começou a desenredar as asas da abelha com muito cuidado.

Melinda ficou imóvel, observando com atenção os movimentos de Lucas. Ela sentiu uma sensação de alívio e gratidão ao se ver livre da teia. Agora, suas asas estavam livres para voar novamente.

Em vez de voar imediatamente, Melinda olhou para Lucas com um olhar curioso e encantado. Ela percebeu que aquele garoto tinha um coração bondoso e uma conexão especial com a natureza.

Lucas estendeu sua mão para a abelha e disse: "Você está livre agora, Melinda. Voe para onde quiser." E assim que ele terminou de falar, a abelha bateu suas asas e levantou voo, circundando Lucas por um momento antes de desaparecer na imensidão da floresta.

A partir desse dia, Melinda e Lucas desenvolveram uma amizade especial. Ela o visitava todos os dias, pousando em suas mãos e contando histórias de suas aventuras. Lucas, por sua vez, compartilhava suas descobertas na floresta e ensinava a Melinda sobre as diferentes plantas e animais que encontrava.

Juntos, eles exploravam novos lugares, desvendavam segredos da natureza e aprendiam a importância da amizade e do cuidado com o meio ambiente.

À medida que o tempo passava, Melinda se tornava uma abelha única e especial para a cidadezinha. Ela ensinava às outras abelhas a importância de respeitar e preservar a natureza, e como a amizade com os humanos poderia ser uma experiência positiva.

Melinda e Lucas continuaram a jornada juntos, deixando um rastro de amor e compreensão por onde passavam. A abelha ensinou ao garoto que, às vezes, pequenos gestos de cuidado e bondade podem fazer uma grande diferença na vida dos outros.

E assim, a amizade entre Lucas e Melinda se tornou uma inspiração para a cidadezinha e um lembrete constante de que, quando nos conectamos com a natureza e com aqueles ao nosso redor, somos capazes de realizar coisas incríveis e criar um mundo melhor.

CONSISTÊNCIA ALÉM DAS FALHAS: A JORNADA DE EDUARDO RUMO AOS SONHOS

Eduardo era um jovem ambicioso e determinado. Ele tinha grandes sonhos e objetivos em mente, e estava disposto a trabalhar duro para alcançá-los. Desde muito cedo, ele aprendeu a importância da consistência em sua vida.

No entanto, Eduardo também era humano. Ele sabia que falhar fazia parte do processo de crescimento e aprendizado. Havia dias em que ele acordava sem motivação, sem energia ou simplesmente com vontade de não fazer nada. Nessas ocasiões, ele permitia-se tirar um tempo para descansar, recarregar as energias e simplesmente ser humano.

Ele sabia que ser consistente não significava ser infalível. Eduardo aceitava suas falhas e entendia que isso não o definia como um fracasso. Ele compreendia que errar e enfrentar obstáculos fazia parte do caminho para o sucesso.

Eduardo aprendeu a não se cobrar excessivamente em dias em que as coisas não saíam como planejado. Ele entendia que a vida é cheia de altos e baixos, e que nem sempre podemos controlar todas as circunstâncias. Ao invés de se sentir culpado, ele se permitia aceitar que nem todos os dias seriam perfeitos.

A verdadeira consistência para Eduardo não estava em nunca falhar, mas sim em continuar avançando apesar das dificuldades. Ele sabia que um dia ruim não deveria ser motivo para desistir ou se sentir derrotado. Eduardo tinha em mente que o importante era manter o foco em seus objetivos e persistir, mesmo quando as coisas não saíam como planejado.

Dessa forma, Eduardo construiu uma mentalidade resiliente e determinada. Ele não permitia que as falhas o derrubassem, mas sim que servissem como aprendizado e motivação para melhorar.

Com o tempo, Eduardo alcançou muitas das metas que havia estabelecido para si mesmo. Ele entendeu que a consistência verdadeira não estava em nunca falhar, mas sim em persistir, aprender com os erros e continuar seguindo em frente, mesmo nos momentos mais difíceis.

E assim, Eduardo provou para si mesmo e para o mundo que ser humano é aceitar as falhas, aprender com elas e manter o foco no que realmente importa. Ele se tornou um exemplo de consistência, não por ser perfeito, mas por ser resiliente, determinado e jamais desistir de seus sonhos.

ABRAÇANDO A AUTENTICIDADE: A JORNADA DE SOFIA COMO ARTISTA NA PIXAR

Havia uma jovem chamada Sofia, uma talentosa artista que sempre sonhou em trabalhar na renomada Pixar. Ela admirava os filmes do estúdio e ficava maravilhada com a criatividade e originalidade presentes em cada obra. Entretanto, Sofia tinha um sentimento de insegurança que a assombrava: ela se considerava uma farsa.

Certo dia, Sofia teve a oportunidade de participar de uma reunião com Ed Catmull, o presidente da Pixar. Durante a conversa, Catmull fez uma pergunta que deixou todos os artistas do estúdio intrigados: "Quem aqui se considera uma farsa?" Para surpresa de Sofia, todos levantaram a mão, inclusive os artistas mais talentosos e renomados.

Ed Catmull então explicou que o problema residia nas expectativas irrealistas que eles mesmos impunham sobre si mesmos. Cada artista carregava consigo a ideia de como um "artista ideal" deveria ser, com soluções criativas e originais fluindo facilmente, sem esforço. No entanto, a realidade da criação artística era bem diferente.

Sofia começou a refletir sobre aquelas palavras. Ela percebeu que, muitas vezes, ela se cobrava demais, sentindo-se uma farsa quando suas ideias não eram tão inovadoras como gostaria, ou quando precisava rabiscar várias páginas até chegar a algo interessante. Ela entendia que aquele sentimento de inadequação era compartilhado por muitos artistas.

Catmull enfatizou a importância de esquecer o modelo idealizado e simplesmente ser quem eles eram. Ele ressaltou que cada artista era único em sua jornada criativa, com suas próprias experiências, perspectivas e habilidades. Ser autêntico e valorizar a própria individualidade era o segredo para superar a sensação de ser uma farsa.

Aquelas palavras tocaram profundamente o coração de Sofia. Ela percebeu que não era uma farsa, mas sim uma artista em constante evolução. Ela tinha o direito de experimentar, errar e aprender ao longo do caminho. Era por meio das tentativas e dos momentos de repetição que a criatividade verdadeira emergia.

A partir daquele dia, Sofia deixou de se comparar com um padrão inatingível e passou a abraçar sua autenticidade. Ela aceitou que não precisava ser uma deusa perfeita, capaz de criar obras-primas instantaneamente. Em vez disso, ela valorizou sua jornada, com todas as falhas e momentos de superação.

Sofia continuou a desenvolver suas habilidades artísticas na Pixar, sem se deixar abater pela insegurança. Ela encontrou apoio em sua equipe e descobriu que a verdadeira magia da criação estava na liberdade de ser ela mesma.

E assim, Sofia aprendeu que não era uma farsa, mas sim uma artista em constante crescimento, capaz de expressar sua visão única por meio de suas obras. Ela entendeu que a verdadeira grandeza não estava em se tornar uma estátua de ouro, mas sim em abraçar a jornada, com todas as suas imperfeições e conquistas, e criar algo genuíno a partir disso.

ALÉM DO MOMENTO PERFEITO: DESCOBRINDO A MAGIA DOS MOMENTOS "BONS O SUFICIENTE"

Ricardo era um homem com grandes sonhos e ambições. Ele sempre soube que para alcançar seus objetivos era necessário agir e aproveitar as oportunidades que surgiam. No entanto, Ricardo também tinha o hábito de esperar pelo momento perfeito antes de tomar qualquer decisão importante em sua vida.

Ele tinha uma lista de coisas que desejava realizar: aprender a tocar um instrumento, viajar para lugares exóticos, iniciar um novo projeto. No entanto, sempre encontrava uma desculpa para adiar esses planos. Ele esperava pelo momento perfeito, aquele em que todas as condições estivessem favoráveis, em que ele se sentisse confiante e seguro.

Mas com o passar do tempo, Ricardo começou a perceber algo importante: não existia um momento perfeito. Ele percebeu que estava esperando por algo que nunca chegaria, pois a vida é cheia de imperfeições e imprevistos. Ele percebeu que "bom o suficiente" era tudo o que ele realmente precisava para tomar uma atitude.

Um dia, Ricardo decidiu romper com esse ciclo de espera e agir. Ele percebeu que não podia deixar a vida passar enquanto esperava pelo momento perfeito. Ele começou a enxergar as situações imperfeitas como oportunidades, e não mais como obstáculos.

Ricardo decidiu aprender a tocar guitarra, mesmo sabendo que no começo cometeria muitos erros e desafinaria as cordas. Ele percebeu que não precisava ser um músico profissional para desfrutar da alegria de tocar um instrumento.

Ele também decidiu viajar para um destino que sempre havia sonhado, mesmo sem ter todo o dinheiro e tempo disponíveis. Ricardo compreendeu que a experiência e as memórias seriam valiosas, mesmo que tudo não saísse exatamente como planejado.

E quando se tratava de chamar alguém especial para sair, Ricardo percebeu que esperar pelo momento perfeito poderia significar perder a oportunidade de compartilhar momentos especiais com alguém que ele valorizava. Ele aprendeu a se abrir para as experiências, mesmo que elas não fossem perfeitas ou livres de medos e incertezas.

Conforme Ricardo colocava essa nova mentalidade em prática, ele começou a experimentar uma sensação de liberdade e empoderamento. Ele se sentia mais vivo, mais conectado com suas próprias aspirações e com o mundo ao seu redor. Ele entendeu que as situações imperfeitas eram preciosas, pois era por meio delas que ele crescia, aprendia e se tornava uma versão melhor de si mesmo.

Ricardo percebeu que o momento perfeito nunca chegaria, mas que cada momento presente poderia ser bom o suficiente para agir e perseguir seus sonhos. Ele aprendeu a abraçar as imperfeições da vida e a aproveitar as oportunidades que se apresentavam, independentemente das circunstâncias.

E assim, Ricardo descobriu que a vida estava cheia de momentos "bons o suficiente", prontos para serem vividos e aproveitados. Ele não permitiu mais que a espera pelo momento perfeito o paralisasse, pois agora ele sabia que as situações imperfeitas eram tudo o que ele tinha, e era nelas que ele encontrava sua verdadeira felicidade e realização.

ANSIEDADE: A JORNADA PARA ENCONTRAR A LIBERDADE E A FELICIDADE NO PRESENTE

Maria vivia constantemente dominada pela ansiedade. Sua mente estava sempre repleta de pensamentos negativos, preocupações e medos, que a impediam de aproveitar plenamente os momentos presentes. A ansiedade se tornou uma presença constante em sua vida, uma erva daninha que se infiltrava em sua mente e a controlava.

Maria sempre buscava antecipar cada situação, tentando ter controle sobre o ambiente ao seu redor. Ela se preocupava com cada possibilidade de imprevisto, surpresa ou desapontamento. Essa busca incessante por controle só servia para reforçar a ansiedade, aumentando o potencial catastrófico de qualquer perigo, real ou imaginário.

A ansiedade se tornou o inimigo número um de Maria, pois ela temia o sofrimento. Para evitar a dor emocional, construiu masmorras emocionais ao seu redor, trancafiando-se em suas próprias inseguranças. O medo de sofrer a impedia de viver plenamente, criando armadilhas emocionais que bloqueavam qualquer sinal de prazer e fluidez na vida.

A ansiedade não oferecia soluções inteligentes, apenas aumentava o potencial catastrófico das situações. Maria vivia presa em um ciclo vicioso de preocupações e medos, impedindo-a de experimentar a felicidade e a liberdade de existir. Ela tentava antecipar e controlar todas as experiências, mas essa tentativa constante de controle apenas aprisionava sua mente e limitava sua capacidade de aproveitar o presente.

Ao evitar o desprazer, Maria privava-se também do prazer. Ela tentava guardar a felicidade como se fosse uma economia a ser resgatada no futuro, mas isso apenas a impedia de viver plenamente o momento presente.

A ansiedade tornou-se uma forma de covardia emocional para Maria. Ela rastreava cada momento de sua vida com preocupação e pessimismo, impedindo-se de experimentar a vida com coragem e abertura. Sua mente nunca estava no presente, sempre fugindo para preocupações futuras ou revivendo eventos passados.

A motivação inconsciente por trás da ansiedade de Maria era o desejo de poder e controle. Ela constantemente tentava se sobrepor à realidade, mas isso só a afastava ainda mais da felicidade e da paz interior.

A ansiedade se apresentava como um amigo, mas era na verdade um ladrão de felicidade. Ela se disfarçava como uma preocupação legítima, mas, na verdade, roubava os momentos de alegria e presença, desviando a atenção de Maria para pensamentos negativos e preocupações infundadas.

Se Maria pudesse aconselhar alguém, seria para que essa pessoa mantivesse a cabeça no aqui e agora. A felicidade só pode ser encontrada no presente, e é importante aprender a viver plenamente cada momento, deixando de lado as preocupações e medos que a ansiedade traz. Aprendendo a cultivar a presença e a consciência plena, Maria descobriria um caminho para a verdadeira felicidade e liberdade emocional.

DE SUPER-HERÓI A SER HUMANO: A JORNADA DE AUTOCOMPAIXÃO E RECONHECIMENTO DE LIMITES DE EDUARDO

Eduardo era conhecido por ser uma pessoa altruísta e sempre disposta a ajudar os outros. Ele tinha um hábito de oferecer ajuda além do que conseguia suportar. Quando alguém pedia sua ajuda, ele prontamente se colocava à disposição, mesmo que isso significasse sobrecarregar-se com tarefas e responsabilidades.

Eduardo era como um super-herói na vida real, sempre se colocando à disposição para salvar o dia. No entanto, esse comportamento começou a se tornar destrutivo. Ele frequentemente falhava em cumprir suas promessas e não conseguia avaliar a extensão e complexidade dos problemas que assumia resolver.

Essa postura de super-herói era valorizada em uma cultura de superprodutividade, onde as pessoas são incentivadas a resolver tudo e assumir a responsabilidade por tudo. No entanto, Eduardo não percebia que seu comportamento estava afetando negativamente sua saúde física e emocional.

Eduardo sofria de um quadro conhecido como "burnout da empatia". Ele se sentia esgotado, irritado e experimentava mudanças de humor. Sua concentração e memória eram afetadas, sua autoestima estava baixa e ele enfrentava ansiedade e depressão.

Embora não apresentasse todos os sintomas típicos do burnout da empatia, Eduardo permanecia emocionalmente exausto por se colocar constantemente em segundo plano. Ele acreditava que ajudar os outros era mais importante do que ser ajudado, o que o mantinha preso em um ciclo de exaustão emocional.

Eduardo era um verdadeiro missionário, disposto a fazer de tudo para conquistar a estima das outras pessoas. Ele se orgulhava de lidar com qualquer tipo de problema, mesmo que isso o sobrecarregasse e causasse danos em várias áreas de sua vida.

No entanto, na prática, Eduardo era alguém cheio de boa vontade, mas incapaz de administrar efetivamente todas as tarefas que assumia. Ele falhava miseravelmente em sua jornada, sentindo culpa, sofrendo e repetindo o ciclo novamente.

À medida que negligenciava sua própria vida, Eduardo inconscientemente acreditava que merecia menos cuidado dos outros. Quanto menos atenção dava a si mesmo, mais carente se sentia, precisando ajudar os outros para se sentir validado e importante. Era um verdadeiro buraco emocional sem fundo.

Esse ciclo de sobrecarga frequentemente resultava em sintomas severos. Eduardo acumulava dívidas devido à desorganização financeira resultante de suas tentativas de ajudar os outros, mesmo que não pudesse pagar ou se sustentar adequadamente.

Lembro-me de uma paciente de Eduardo que tinha um ótimo salário, mas estava sempre endividada porque ajudava um irmão viciado em bebida. Ela via isso como uma forma de responsabilidade e acabava prejudicando sua própria vida financeira.

Além disso, Eduardo experimentava perda de libido, impotência e instabilidade emocional. Ele não conseguia reconhecer suas próprias emoções e muitas vezes buscava satisfação sexual em histórias impessoais ou no uso de álcool e drogas.

Para encobrir suas próprias insuficiências disfarçadas de "supereficiência", Eduardo também recorria à mentira. Ele mentia para evitar confrontar suas próprias falhas e para apaziguar as inúmeras faltas que acumulava.

Seus amigos o consideravam uma pessoa incrível, mas sempre ocupada e com uma vida agitada. No fundo, Eduardo vivia sob o peso constante da culpa e sentia-se em dívida com tudo e todos, incluindo a si mesmo. Era uma forma de autopunição permanente.

Se Eduardo pudesse parar e ter mais compaixão consigo mesmo, reconhecendo seus limites e vulnerabilidades, seria um grande passo. Ao fazer isso, ele abriria caminho para reconhecer que também precisa de ajuda e aceitá-la sem sentir-se fraco.

Essa jornada de autocompaixão e reconhecimento de limites seria um verdadeiro ato de generosidade, consigo mesmo e com os outros. Ao reconhecer e acolher suas próprias limitações, Eduardo poderia carregar pesos possíveis, levando uma vida mais leve e plena. Ele entenderia que não precisa ser um super-herói, deixando esse papel para as histórias em quadrinhos.

DESAFIANDO O LEGADO: QUEBRANDO CICLOS E CONSTRUINDO UMA NOVA HISTÓRIA PATERNA

Pai Bento, um homem que não demonstra afeto, sabedoria, inspiração nem mesmo suporte financeiro.

O Dia dos Pais é uma data morna, onde ninguém se conhece verdadeiramente. Nunca houve trocas de carinho, talvez apenas alguma paixão compartilhada por futebol, política ou trabalho. O filho sente algum orgulho pelo pai, mas talvez seja apenas por perceber que ele sobreviveu a problemas de saúde, como cálculos renais ou ataques cardíacos.

Em um estado sombrio nos encontramos, mas um pouco mais de conhecimento pode iluminar nosso caminho.

O filho começa a observar na televisão e na internet homens inspiradores, líderes em suas áreas de atuação, e começa a imaginar como seu pai poderia ser. Um pai com um verdadeiro senso de integridade, não a rigidez de quem apenas segue regras, mas alguém que inspire pelo exemplo de vitalidade. No entanto, parece que a única forma que o pai encontrou para lidar com a vida é com um copo de bebida na mão, o que é meio deprimente.

Isso causa aversão no filho, pois ele percebe que já está meio anestesiado e se justificando por suas próprias quedas, seguindo o exemplo paterno.

Ele sente raiva, culpa e medo por ter perpetuado esse ciclo interminável de desconexão e falta de empatia. Se, por acaso, recebe a notícia entusiasmada de que será pai, ele sente um frio na espinha, percebendo que a suposta liberdade que possuía agora é vista como uma bola de ferro amarrada ao seu pé.

TRAZENDO À TONA A VIDA: JORNADAS DE AMOR. AUTENTICIDADE E LIBERDADE

Essa descrição, meu querido filho "sem" pai, ajuda-nos a entender por que parece tão difícil receber um abraço, ter uma conversa e compartilhar uma vida ao lado desse homem que você gostaria de chamar de guerreiro, mas que parece mais um sobrevivente.

Mas lembre-se, meu filho, que você não está destinado a repetir os mesmos padrões. Você pode quebrar esse ciclo e encontrar sua própria maneira de ser pai, com afeto, inspiração e conexão emocional. Ainda que seu pai não tenha sido o exemplo que você esperava, você tem a oportunidade de construir um legado diferente para si mesmo e para seus futuros filhos. O caminho pode ser desafiador, mas lembre-se de que você tem o poder de criar uma nova história.

REESCREVENDO A JORNADA: A ACEITAÇÃO DA FRAGILIDADE COMO CAMINHO PARA A TRANSFORMAÇÃO

Esta é a história de Miguel, um homem que aprendeu a lidar com sua fragilidade e a abraçar a possibilidade de corrigir o rumo de sua vida. Ele percebeu que dizer coisas como "não sei" ou "não deu para mim" não eram sinais de fracasso, mas sim oportunidades de aprendizado e crescimento.

Miguel compreendeu que não fomos educados para lidar com perdas. Muitas vezes confundimos nossas opiniões e gostos com nossa identidade, tornando difícil aceitar mudanças e revisitar nossas crenças passadas. No entanto, Miguel descobriu que é possível evoluir sem se sentir contraditório, hipócrita ou traidor de suas convicções. Ele aprendeu a substituir frases imperativas por expressões mais flexíveis, reconhecendo que não há um caminho definitivo ou um jogo ganho.

No entanto, Miguel sabia que era preciso ter cuidado com as críticas dos outros. Ele compreendia que o grau de intimidade e a importância da opinião da pessoa deviam ser avaliados. Ele não permitia que percepções enviesadas de pessoas distantes o desestruturassem. Além disso, Miguel entendia a importância de preservar sua integridade e identidade ao receber críticas, reconhecendo que ele era um ser complexo e que poderia renovar partes específicas de si mesmo sem perder sua essência. Também considerava a perspectiva de quem o criticava, atentando-se a possíveis interesses ocultos que poderiam influenciar a opinião do outro.

Miguel percebeu que não precisava aspirar a nunca mais se enganar ou cometer erros. Ele aprendeu a diminuir a idealização extrema que

TRAZENDO À TONA A VIDA: JORNADAS DE AMOR. AUTENTICIDADE E LIBERDADE

fazia de si mesmo e a aceitar sua mortalidade e falibilidade. Quanto mais realista e compassivo ele era consigo mesmo, mais flexível se tornava. Miguel compreendia que, mesmo para um ego gigantesco e autoiludido, até um abraço apertado poderia soar como crítica. Portanto, ele escolhia abraçar a vulnerabilidade e se libertar das amarras da perfeição, abrindo-se para um caminho de autenticidade e crescimento pessoal.

Assim, Miguel trilhava sua jornada com sabedoria, aceitando suas limitações, aprendendo com os erros e se tornando uma versão mais compreensiva e resiliente de si mesmo. Sua história nos lembra que a fragilidade não é um sinal de fraqueza, mas sim um convite para nos tornarmos mais humanos e abertos às possibilidades de transformação.

ALÉM DO MEDO: A JORNADA DE FERNANDO PARA A AUTENTICIDADE E CORAGEM

Havia um jovem chamado Fernando que desde cedo demonstrava uma coragem incomum. Sua infância era repleta de momentos em que desafiava o medo e se aventurava em situações perigosas com um sorriso no rosto. Uma de suas primeiras lembranças era de estar em cima de uma árvore, sentindo o vento uivar e chicotear seus cabelos, enquanto se divertia sem se importar com os possíveis perigos.

Ao longo dos anos, porém, Fernando percebeu que a experiência e a sociedade moldaram sua personalidade, trazendo consigo medos, fobias e traumas. Ele notou como a mídia e a sociedade impõem a ideia de que não ter medo é sinônimo de perfeição, felicidade e sucesso. Imagens de pessoas sem medo, retratadas como heróis, são constantemente veiculadas, enquanto aqueles que demonstram medo são rotulados como covardes.

Fernando questionava essas imposições e refletia sobre a diversidade humana. Ele acreditava que cada pessoa é única, com interesses, ideias e valores próprios. No entanto, a sociedade oferecia apenas algumas opções consideradas ideais para alcançar o sucesso, ignorando a infinidade de possibilidades que existem para cada indivíduo.

Diante disso, Fernando percebeu que é possível aproveitar os medos como uma força motriz. Ele se viu confrontado com escolhas e desafios na vida após a faculdade, sentindo a pressão para seguir um caminho preestabelecido. No entanto, ele decidiu abraçar seus medos e utilizá-los como uma ferramenta para se fortalecer e se desafiar.

Assim como um atleta que passa por dores musculares após exercícios físicos extenuantes, Fernando compreendeu que enfrentar os medos poderia levá-lo a um desenvolvimento pessoal e crescimento significativos. Ele percebeu que artistas renomados como J. D. Salinger, Beethoven e Franz Kafka usaram seus medos e ansiedades como fonte de inspiração para criar obras-primas. Esses exemplos mostravam que a aceitação das circunstâncias difíceis era fundamental para alcançar algo significativo.

Fernando desafiou a sociedade e a ideia de que não ter medo é perfeito. Ele acreditava que se envolver ativamente com os medos cria conexões neurais que tornam as pessoas mais fortes e resilientes. Ele viu que a jornada para superar os medos é tão importante quanto o resultado final.

Com determinação, Fernando decidiu olhar para além das noções preconcebidas que lhe foram impostas e escolher um caminho de vida que fosse autêntico para ele. Ele mergulhou de cabeça em seus medos, ansiedades e indecisões, sabendo que essa jornada o levaria a alcançar seu melhor potencial.

Fernando percebeu que enfrentar batalhas internas não o tornava fraco ou defeituoso. Ele não estava perdido, ao contrário, estava em constante busca de crescimento e autoconhecimento. Ele se recusou a aceitar os rótulos e expectativas da sociedade, seguindo seu próprio caminho com coragem e determinação.

E assim, Fernando descobriu que todos nascemos heróis, sem medo, e que abraçar nossos medos pode nos libertar verdadeiramente. Ele se tornou um exemplo para os outros, mostrando que a coragem não significa ausência de medo, mas sim enfrentá-lo de frente e usá-lo como uma ferramenta de transformação e crescimento pessoal.

DESAFIANDO ESTEREÓTIPOS: A JORNADA DE PEDRO PARA UMA MASCULINIDADE AUTÊNTICA

Pedro era um homem que, ao longo de sua vida, enfrentara muitos desafios e conflitos internos. Desde a infância, ele lidava com a agressividade de um colega que o intimidava e intimidava a outros por não se enquadrarem em estereótipos de masculinidade. Essa experiência deixou marcas profundas em Pedro, afetando sua autoconfiança e sua capacidade de expressar seus medos e vulnerabilidades.

Um dia, enquanto comprava insumos para fazer cerveja em uma empresa local, Pedro reencontrou uma pessoa do passado que lhe causava medo e sofrimento. Para sua surpresa, soube que essa pessoa havia encontrado a felicidade ao se casar com outro homem. Essa revelação fez Pedro refletir sobre a complexidade das emoções humanas e sobre a necessidade de desafiar os estereótipos de gênero.

Pedro compartilhou suas próprias lutas e angústias com um grande amigo, esperando encontrar apoio e compreensão. No entanto, seu amigo reagiu com um gesto simples, mas poderoso, cutucando-o no ombro e dizendo-lhe para superar essa situação. Pedro percebeu que, muitas vezes, os homens são ensinados a reprimir seus sentimentos e a evitar discussões profundas sobre suas emoções, o que pode levar a uma sensação de isolamento e apatia existencial.

Ele compreendeu que a masculinidade tóxica e os estereótipos de gênero limitam a capacidade dos homens de explorar plenamente sua identidade e expressar seus verdadeiros sentimentos. Pedro reconheceu a importância de desafiar essas normas e buscar conexões significativas com outros homens que estivessem dispostos a ouvir e apoiar um ao outro em suas jornadas emocionais.

Pedro percebeu que ter amigos que perpetuam padrões prejudiciais de comportamento e não desafiam suas crenças limitantes pode levar a uma solidão qualitativa, mesmo que ele tenha muitos amigos ao seu redor. Ele buscava uma amizade genuína e autêntica, alguém com quem pudesse contar para se tornar um homem melhor e encontrar um espaço seguro para compartilhar suas experiências, alegrias e desafios.

Movido por essa reflexão, Pedro decidiu buscar comunidades e grupos de apoio onde pudesse se conectar com outros homens que estivessem comprometidos em desafiar os estereótipos de gênero, promover o diálogo emocional aberto e incentivar o crescimento pessoal. Ele estava determinado a construir relacionamentos baseados na escuta ativa, na empatia e na liberdade para expressar plenamente sua verdadeira essência.

Pedro compreendeu que ser um homem melhor envolvia a disposição de se questionar, aprender e evoluir constantemente. Ele embarcou em uma jornada de autodescoberta e abertura emocional, buscando se libertar das amarras da masculinidade tóxica e abraçar uma versão mais autêntica de si mesmo. Ele encontrou força na vulnerabilidade, e, ao longo do tempo, conseguiu estabelecer conexões significativas com outros homens que o apoiaram em sua jornada.

A história de Pedro é um lembrete poderoso de que a masculinidade não deve ser definida por estereótipos rígidos e limitantes. Ser um homem melhor significa ter coragem para questionar, desafiar e desconstruir normas prejudiciais. Ao criar espaços seguros para a expressão emocional e ao buscar conexões autênticas, Pedro encontrou uma nova maneira de viver e se tornou um exemplo inspirador para outros homens em busca de liberdade e autenticidade.

ENCONTRANDO A LIBERDADE: A JORNADA DE GABRIEL PARA ALÉM DO CONTROLE

Gabriel era um menino curioso e determinado. Desde cedo, ele desenvolveu a ideia de que o controle sobre suas emoções era a chave para alcançar a felicidade. Ele acreditava que poderia moldar seus sentimentos e manter-se sempre no comando de sua própria vida. Essa mentalidade o acompanhou por muitos anos, até o dia em que decidiu aprender a andar de bicicleta.

A primeira vez que Gabriel subiu em uma bicicleta, ele agarrou o guidão com tanta força que seus braços ficaram tensos, quase imóveis. Ele estava determinado a ter total controle sobre aquele veículo de duas rodas, mas essa busca pelo controle só parecia criar mais tensão em seu corpo. A bicicleta se tornou um adversário, e o medo de perder o controle e cair era constante.

Engraçado como as coisas funcionam, não é? Gabriel percebeu que quanto mais ele lutava para manter o controle, mais propenso estava a cair. Em uma crise de ansiedade, por exemplo, ele percebeu que quanto mais se preocupava em controlar seu estado emocional, mais a ansiedade o afetava. Era como se segurar com força na bicicleta o fizesse perder o equilíbrio.

Gabriel começou a perceber que isso também se aplicava a outras emoções. Quando sentia raiva, era porque queria controlar a situação e desejava que as coisas fossem diferentes. A tristeza surgia quando ele reconhecia que não tinha o poder de mudar certas circunstâncias. Até mesmo quando estava alegre, a sensação de instabilidade o deixava ansioso, pois sabia que o controle era fugaz e a qualquer momento poderia escapar por entre seus dedos.

TRAZENDO À TONA A VIDA: JORNADAS DE AMOR. AUTENTICIDADE E LIBERDADE

Foi nesse momento que Gabriel se deparou com o amor. O amor, diferentemente das outras emoções, não exigia controle. Era como uma folha sendo levada pela correnteza de um rio, ao invés de uma pedra que lutava obstinadamente para manter sua posição. Ele percebeu que só pelo amor poderia aceitar as coisas como elas são, sem a necessidade de controle algum.

Amar andar de bicicleta se tornou uma metáfora para a vida de Gabriel. Ele aprendeu que o verdadeiro prazer estava em se deixar levar, em confiar no fluxo natural das coisas. Quando soltava as mãos do guidão e permitia que a bicicleta o levasse, Gabriel experimentava um dos momentos mais fantásticos de sua vida: a liberdade.

Desde então, Gabriel passou a aplicar essa lição em todas as áreas de sua vida. Ele aprendeu a deixar ir o desejo de controlar tudo e a abraçar a incerteza. Aprendeu a confiar em si mesmo e nas forças do universo. E, acima de tudo, aprendeu que a verdadeira felicidade não reside no controle absoluto, mas sim na aceitação e no amor incondicional pelas coisas como elas são.

E assim, Gabriel seguiu seu caminho, pedalando pelas estradas da vida com leveza no coração e um sorriso no rosto, sabendo que, no final das contas, a liberdade está em se permitir ser levado pelo vento, confiando que o destino reserva as mais belas surpresas.

APRECIE O PRESENTE: A JORNADA DE MARCOS PARA VIVER PLENAMENTE

Havia um garoto chamado Marcos, um jovem cheio de curiosidade e entusiasmo pela vida. Desde cedo, ele tinha uma visão peculiar do mundo. Enquanto muitos se preocupavam com o futuro e se comparavam com os outros, Marcos vivia intensamente o presente.

Marcos não se deixava levar pelos arrependimentos do passado ou pelas expectativas do futuro. Ele compreendia que a verdadeira plenitude estava em apreciar cada momento como ele era, sem desejos de estar em outro lugar ou de ser outra pessoa. Ele sabia que a felicidade não dependia de alcançar metas específicas, mas sim de encontrar contentamento no aqui e agora.

Enquanto seus amigos estavam ansiosos para terminar a escola, entrar em uma faculdade prestigiada ou passar em exames importantes, Marcos encontrava alegria em aprender e crescer a cada dia. Ele abraçava os desafios e as oportunidades que surgiam em seu caminho, sem se preocupar excessivamente com o resultado final.

Para Marcos, viver plenamente significava estar consciente de cada momento e desfrutar das experiências cotidianas. Ele se encantava com as pequenas coisas, como o cheiro de uma flor, o som da chuva caindo ou o riso de uma criança. Ele se conectava com a natureza, encontrando paz e inspiração nas paisagens ao seu redor.

Marcos entendia que a vida era uma jornada em constante transformação. Ele não temia desconstruir suas crenças e reconstruí-las novamente, pois sabia que o crescimento vinha por meio da flexibilidade e da abertura para novas possibilidades. Ele explorava diferentes interesses, experimentava novas atividades e nutria sua sede de conhecimento.

Enquanto seus colegas estavam preocupados em construir uma imagem perfeita nas redes sociais e em seguir um padrão preestabelecido, Marcos valorizava a autenticidade e a conexão genuína com as pessoas. Ele se cercava de amigos que o aceitavam como ele era, sem julgamentos ou expectativas irrealistas. Suas amizades eram baseadas na compreensão mútua, no respeito e no apoio mútuo.

À medida que Marcos crescia, ele se tornava um exemplo inspirador para aqueles ao seu redor. Sua abordagem despreocupada, porém consciente, da vida despertava a curiosidade dos outros. Ele compartilhava sua filosofia de viver plenamente, encorajando-os a aproveitar cada momento e a encontrar alegria nas coisas simples.

A jornada de Marcos continuava, cheia de descobertas e aprendizados. Ele entendia que viver plenamente era uma prática constante, que exigia consciência, aceitação e gratidão. Ele abraçava os altos e baixos da vida, sabendo que cada experiência tinha algo valioso para ensinar.

Marcos era um lembrete vivo de que a verdadeira felicidade está no presente, na apreciação das pequenas coisas e no amor pela vida como ela é. Sua história inspirava os outros a abandonar as preocupações excessivas com o futuro e a mergulhar no momento presente, encontrando a beleza e a plenitude em cada respiração.

E assim, Marcos continuou sua jornada, irradiando alegria, paz e gratidão por onde passava. Sua maneira de viver deixava uma marca positiva nas vidas daqueles que o encontravam, lembrando-os de que a verdadeira essência da vida estava em apreciar cada momento como um presente precioso.

A JORNADA DE CAMILA: ESPERANÇA, AÇÃO E EQUILÍBRIO NA BUSCA PELA PLENITUDE

Havia uma garota chamada Camila, uma jovem cheia de sonhos e uma perspectiva única sobre a vida. Desde cedo, Camila sentia uma inclinação natural em direção ao futuro, mas não era uma inclinação passiva de simplesmente aguardar por aquilo que desejava. Para ela, a espera estava intrinsecamente ligada à esperança.

Camila entendia que quem tem esperança também acaba tendo que esperar, mas via essa espera como um período de crescimento e preparação. Ela acreditava que a esperança impulsionava as pessoas a agirem, a buscarem seus objetivos e a construírem um futuro melhor. Essa era a sua visão particular sobre a espera e a esperança, uma visão que combinava otimismo e ação.

No entanto, Camila também sabia que a certeza de quem apenas aguarda exclui a incerteza que envolve a esperança. Ela compreendia que a vida é cheia de surpresas e que nem sempre as coisas acontecem como planejamos. Por isso, Camila aprendeu a equilibrar suas expectativas, mantendo a esperança viva, mas também aberta a mudanças e adaptações.

A alma de Camila era como um pássaro livre, sempre buscando novos horizontes e voando em direção aos seus sonhos. Ela carregava consigo a consciência de que a vida nem sempre seria serena, mas também poderia ser uma explosão de emoções e experiências. Camila abraçava sua jornada com gratidão, sabendo que a sua alma estava conectada ao seu corpo moreno, que nem sempre encontrava tranquilidade, mas sempre buscava seguir o coração.

Camila também acreditava na justiça social e na importância de cada indivíduo ocupar o seu devido lugar na sociedade. Ela percebia que uma sociedade é injusta quando as pessoas são colocadas em posições que não lhes correspondem, ignorando suas verdadeiras naturezas, aptidões e talentos. Para ela, uma cidade justa era aquela que valorizava a diversidade e a sabedoria de colocar cada pessoa em seu lugar adequado.

A jovem aprendeu com Sêneca que a verdadeira pobreza não estava na falta de bens materiais, mas sim na ânsia de ter mais do que já se possui. Camila sabia que a cobiça e a ganância eram sentimentos nefastos que poderiam corromper o ser humano. Ela buscava viver com contentamento e gratidão pelo que tinha, encontrando a riqueza nas pequenas coisas da vida.

Camila também compreendia a importância de viver o presente, sem antecipar desgraças ou se preocupar excessivamente com o futuro. Ela sabia que antecipar problemas só gerava ansiedade e impedia que se desfrutasse plenamente do momento presente. Camila escolheu viver no agora, apreciando cada instante como uma dádiva e encontrando a beleza na simplicidade do momento.

A história de Camila era uma jornada de esperança, ação e equilíbrio. Ela seguia seu caminho, voando em direção aos seus sonhos, buscando ocupar seu lugar no mundo e vivendo cada dia com gratidão e serenidade. Camila sabia que a vida era uma aventura que valia a pena ser vivida, e ela estava determinada a viver plenamente, abraçando cada experiência com alegria e coragem.

ALÉM DA VISÃO LIMITADA: A JORNADA DE TRANSFORMAÇÃO DE EDIVALDO

Edivaldo era um homem que passou boa parte de sua vida preso em um ciclo vicioso de dependência química. Ele havia frequentado diversas instituições psiquiátricas, onde aprendeu sobre os malefícios do consumo de drogas. Nessas instituições, ele recebia conhecimento sobre os efeitos nocivos das substâncias e era orientado sobre a importância de abandonar o vício. No entanto, quando saía desses ambientes controlados, Edivaldo se via novamente preso à sua antiga visão de mundo, a mesma que o levava a praticar as ações que o conduziram à instituição.

Por mais que ele soubesse dos prejuízos causados pelas drogas, sua visão de mundo e sua percepção da realidade não haviam mudado. Em seu bairro, entre seus vizinhos e até mesmo em sua própria família, o uso de drogas ainda era considerado algo comum e aceitável. Dentro desse contexto, dentro de sua mentalidade limitada, usar drogas fazia muito mais sentido do que não usar. Afinal, era o que ele conhecia e o que se encaixava em sua visão distorcida da vida.

Edivaldo percebeu que suas ações eram coerentes com sua visão de mundo. Se ele não tivesse uma nova visão, não haveria forças para sustentar a mudança em suas ações. Era essencial gerar uma visão de mundo mais ampla e positiva, uma visão que trouxesse harmonia e coerência com seus objetivos de abandonar as drogas. Ele precisava enxergar além do seu ambiente atual e das influências negativas que o cercavam.

TRAZENDO À TONA A VIDA: JORNADAS DE AMOR, AUTENTICIDADE E LIBERDADE

Determinado a transformar sua vida, Edivaldo começou a buscar novas perspectivas. Ele se aproximou de pessoas que haviam superado suas dependências e conquistado uma vida saudável e feliz. Essas pessoas se tornaram seus mentores e compartilharam suas histórias de superação, mostrando a ele que era possível mudar e encontrar um novo sentido de propósito.

Com o tempo, Edivaldo começou a adotar uma visão de mundo mais positiva. Ele passou a enxergar o uso de drogas como algo que o limitava, que o impedia de alcançar seus verdadeiros sonhos e potenciais. Ele visualizou uma vida livre das amarras da dependência química, uma vida de equilíbrio, saúde e realização.

Com essa nova visão de mundo, Edivaldo encontrou forças para mudar suas ações. Ele buscou ajuda profissional, participou de grupos de apoio e adotou hábitos saudáveis em sua rotina. Ele se afastou de ambientes e pessoas que o influenciavam negativamente e se cercou de indivíduos que o incentivavam em sua jornada de recuperação.

A transformação de Edivaldo não foi fácil nem rápida. Houve momentos de recaída e desafios ao longo do caminho. No entanto, sua determinação e a nova visão de mundo que ele havia construído o mantiveram firme em seu propósito de viver uma vida plena e livre das drogas.

Com o tempo, Edivaldo conseguiu deixar seu passado de dependência para trás. Ele descobriu um novo sentido de propósito ao ajudar outras pessoas que também lutavam contra a dependência química. Sua história de superação inspirou muitos a enxergarem além de suas realidades limitadas e acreditarem que a mudança é possível.

Edivaldo provou que, ao gerar uma visão de mundo positiva e coerente com seus objetivos, é possível transformar não apenas as ações, mas toda a trajetória de vida. Sua história se tornou um exemplo de força, resiliência e superação, mostrando a todos que é possível romper com os ciclos negativos e construir uma vida plena e realizada.

ESPELHOS DO CORAÇÃO: A JORNADA DE JULIANA EM BUSCA DE AUTENTICIDADE E CRESCIMENTO

Era uma vez uma garota chamada Juliana. Ela era uma jovem curiosa e sempre em busca de crescimento pessoal e espiritual. Desde cedo, Juliana sabia que as relações desempenhavam um papel importante em sua jornada de autodescoberta.

Juliana tinha uma personalidade radiante, cheia de qualidades positivas. Ela era gentil, generosa e prestativa com todos ao seu redor. Seu coração transbordava amor e compaixão. Porém, havia partes de sua personalidade que Juliana preferia não confrontar. Ela tinha medo de suas inseguranças e de confrontar seus próprios medos mais profundos.

Um dia, Juliana conheceu Pedro, um jovem artista que irradiava criatividade e paixão. Eles se conectaram instantaneamente e logo começaram a compartilhar suas vidas e sonhos. Pedro era um espelho para Juliana. Ele refletia sua coragem interior e a incentivava a explorar sua própria criatividade.

À medida que o relacionamento deles se aprofundava, Juliana começou a se confrontar com suas próprias sombras. Ela percebeu que Pedro também espelhava suas inseguranças e medos ocultos. Às vezes, suas interações se tornavam tensas e desafiadoras, revelando aspectos de Juliana que ela preferia ignorar.

Juliana entendeu que esse relacionamento era um convite para crescer e se tornar mais autêntica consigo mesma. Ela percebeu que, para evoluir como pessoa, precisava enfrentar suas partes negadas e integrá-las em sua consciência. Ao invés de rejeitar suas sombras, ela começou a abraçá-las com amor e compaixão.

Com o tempo, Juliana e Pedro aprenderam a se apoiar mutuamente em sua jornada de autodescoberta. Eles desenvolveram uma comunicação aberta e honesta, permitindo que suas verdades fossem compartilhadas sem medo de julgamento. Juntos, eles encorajaram um ao outro a enfrentar seus desafios internos e a se tornarem versões mais autênticas de si mesmos.

À medida que Juliana se tornava mais consciente de suas sombras e as abraçava, sua confiança crescia. Ela se tornou uma pessoa mais completa e equilibrada, capaz de aceitar suas imperfeições e crescer a partir delas. Seu relacionamento com Pedro se fortaleceu, baseado em um amor genuíno e profundo.

Juliana percebeu que, de fato, as relações eram poderosos catalisadores para o crescimento pessoal. Elas permitiam que ela visse as partes ocultas de si mesma, confrontasse seus medos e crescesse além deles. Ela aprendeu a valorizar os espelhos que as pessoas ao seu redor representavam e a usar essas reflexões como uma oportunidade para se tornar a melhor versão de si mesma.

E assim, Juliana continuou em sua jornada de autodescoberta, abraçando as relações como oportunidades de crescimento e transformação. Ela sabia que cada encontro, fosse positivo ou desafiador, era uma chance de se conhecer melhor e expandir sua consciência. Juliana estava determinada a viver uma vida autêntica, plena de amor, aceitação e evolução constante.

DA ESCURIDÃO À TRANSFORMAÇÃO: A JORNADA DE MURILO EM BUSCA DE CURA E AMOR

Havia um jovem chamado Murilo que vivia preso em um ciclo de medo e ódio. Ele carregava consigo experiências passadas dolorosas que o haviam deixado desconfiado e amargurado em relação aos outros. Murilo tinha dificuldade em confiar nas pessoas e tinha uma visão limitada de mundo, baseada em suas crenças negativas.

No entanto, o universo tinha planos para ele. Murilo começou a sentir uma inquietude dentro de si, uma chamada para uma transformação profunda. Ele sabia que precisava mudar sua perspectiva e encontrar um caminho para sair do ciclo de sofrimento em que estava preso.

Em um momento de reflexão, Murilo percebeu que a verdadeira transformação não poderia ocorrer apenas no mundo exterior. Ele compreendeu que a raiz de sua crise estava dentro de si mesmo, nas crenças limitantes e nas emoções negativas que alimentavam seus medos e ódio.

Determinado a se libertar desse ciclo destrutivo, Murilo embarcou em uma jornada de autoconhecimento e cura interior. Ele se abriu para diferentes práticas espirituais e terapias que o ajudaram a explorar e compreender suas emoções mais profundas.

À medida que Murilo mergulhava em sua própria psique, ele percebeu que o medo era um produto de sua visão limitada de mundo. Ele começou a questionar suas crenças negativas e a explorar perspectivas mais amplas. Gradualmente, o medo começou a se transformar em confiança.

Simultaneamente, Murilo começou a trabalhar em seu sofrimento. Ele se permitiu sentir a dor e a tristeza que havia guardado por tanto tempo, e encontrou maneiras saudáveis de liberar essas emoções. À medida que se permitia processar o sofrimento, ele encontrou alívio e, aos poucos, alegria começou a preencher sua vida.

Murilo também percebeu que seu próprio egoísmo era uma barreira para sua transformação. Ele começou a explorar a importância do altruísmo e do amor incondicional. Aos poucos, ele se afastou de suas preocupações egoístas e começou a se envolver em ações benevolentes, buscando ajudar os outros e contribuir para um mundo melhor.

Conforme Murilo progredia em sua jornada interna, ele começou a experimentar mudanças significativas em sua realidade externa. Suas relações se tornaram mais genuínas e profundas, pois ele aprendeu a confiar e se abrir para os outros. Ele encontrou uma nova alegria em compartilhar e se conectar com as pessoas ao seu redor.

Murilo descobriu que a transformação pessoal era o ponto de partida para a transformação do mundo. Ele percebeu que tudo estava interligado e que suas escolhas e ações tinham um impacto direto no seu entorno. Murilo se tornou um verdadeiro cocriador da realidade, consciente do poder que tinha para moldar sua vida e influenciar positivamente a vida dos outros.

Assim, Murilo continuou sua jornada de cura e crescimento, ciente de que a raiz de qualquer crise está dentro de si mesmo. Ele abraçou a transformação interna como uma oportunidade de evolução e aprendizado constante, sempre buscando expandir sua consciência e espalhar amor e compaixão pelo mundo.

O AMOR CORAJOSO: A JORNADA DE SOFIA E LUCAS RUMO À UNIÃO VERDADEIRA

Era uma vez uma jovem chamada Sofia que vivia em um mundo onde o amor verdadeiro era escasso. As relações eram baseadas no medo, na desconfiança e no egoísmo. As pessoas tinham medo de se abrir e se entregar completamente, pois haviam sido feridas no passado.

Sofia, no entanto, tinha um coração corajoso e ansiava por um amor mais profundo e verdadeiro. Ela acreditava que era possível cultivar relacionamentos baseados na confiança, união e amor autêntico. Movida por essa convicção, ela decidiu plantar novas sementes em seu coração e na vida das pessoas ao seu redor.

Com determinação, Sofia começou a se libertar das crenças limitantes que a prendiam em relacionamentos superficiais. Ela estava disposta a desafiar as normas e padrões impostos pela sociedade, buscando uma conexão mais profunda com aqueles que cruzavam seu caminho.

Em sua jornada, Sofia encontrou um parceiro chamado Lucas. Ele também ansiava por um amor verdadeiro e compartilhava da mesma coragem que ela. Juntos, eles embarcaram em uma jornada de transformação mútua, desafiando seus medos e inseguranças.

Sofia e Lucas aprenderam a construir um relacionamento baseado na transparência e na confiança. Eles se comprometeram a ser honestos um com o outro, compartilhando seus medos, sonhos e desafios mais profundos. Não havia segredos entre eles, pois ambos compreendiam que a verdadeira união só poderia ser alcançada mediante a completa abertura de seus corações.

Quando surgiam crises e desafios, Sofia e Lucas não se entregavam ao jogo de acusações e poder. Em vez disso, eles assumiam a responsabilidade por suas próprias emoções e buscavam soluções juntos, com

TRAZENDO À TONA A VIDA: JORNADAS DE AMOR. AUTENTICIDADE E LIBERDADE

compaixão e empatia. Eles entendiam que o relacionamento não era uma competição, mas sim uma parceria em que ambos se apoiavam e cresciam juntos.

À medida que seu amor florescia, Sofia e Lucas também se libertaram de vícios e comportamentos tóxicos que eram alimentados pelo ódio e pelo medo. Eles deixaram para trás a dependência, o ciúme, a posse e a vingança, abraçando a liberdade de amar e confiar plenamente um no outro.

O amor de Sofia e Lucas se tornou um exemplo para os outros ao seu redor. Eles inspiraram seus amigos e familiares a buscarem relacionamentos baseados na coragem de amar verdadeiramente. As sementes que eles haviam plantado começaram a florescer em todo o mundo, espalhando uma nova realidade de conexão profunda e autêntica.

Sofia e Lucas entenderam que amar verdadeiramente exigia coragem e humildade. Eles aprenderam a abrir mão de suas próprias carências e a se doarem completamente um ao outro. E, ao fazerem isso, eles experimentaram a alegria e a plenitude que só um amor verdadeiro pode proporcionar.

E assim, Sofia e Lucas continuaram a trilhar seu caminho, espalhando o poder transformador do amor por onde passavam. Eles sabiam que, juntos, poderiam criar uma nova realidade, onde o medo e o ódio dessem lugar à confiança, união e amor verdadeiro.

REDESCOBRINDO A FELICIDADE: A TRANSFORMAÇÃO DE DANIEL POR MEIO DA GRATIDÃO E CONSCIENTIZAÇÃO

Havia um homem chamado Daniel, um indivíduo sensível e introspectivo que vivia imerso em seus pensamentos e emoções. Daniel tinha a tendência de se concentrar excessivamente nas coisas que não estavam indo bem em sua vida, o que o levava a um estado de insatisfação constante.

Um dia, após uma série de contratempos e decepções, Daniel decidiu fazer uma mudança em sua perspectiva. Ele percebeu que estava se afundando na negatividade e que estava perdendo de vista as pequenas alegrias e oportunidades ao seu redor.

Foi nesse momento de autodescoberta que Daniel decidiu praticar a gratidão e a conscientização. Ele começou a observar as coisas positivas em sua vida, desde as pequenas conquistas diárias até os momentos de alegria e conexão com as pessoas ao seu redor. Ele se permitiu sentir a doçura desses momentos e agradecer por cada um deles.

Ao adotar essa nova mentalidade, Daniel descobriu que, mesmo em meio aos desafios e às portas que se fechavam, havia sempre uma oportunidade para o crescimento e a felicidade. Ele aprendeu a não se fixar naquilo que não podia controlar, mas sim a abraçar as novas portas que se abriam em sua vida.

Daniel percebeu que a felicidade não era um destino final, mas sim uma jornada contínua. Ao se permitir reconhecer e apreciar as coisas positivas ao seu redor, ele se sentia mais vivo, mais conectado e mais em paz consigo mesmo.

Com o tempo, Daniel desenvolveu uma consciência mais equilibrada e realista, onde ele podia enxergar tanto as adversidades quanto as oportunidades. Ele aprendeu a encontrar beleza nos momentos simples e a valorizar as experiências positivas que surgiam em seu caminho.

Essa nova perspectiva transformou a vida de Daniel. Ele passou a se sentir mais grato, mais presente e mais aberto para as possibilidades que a vida tinha a oferecer. Ele aprendeu que, mesmo quando uma porta se fecha, há sempre outra esperando para ser aberta, e ele estava determinado a não perder mais tempo olhando para o passado, mas sim para o futuro cheio de oportunidades e felicidade que estava à sua frente.

A SIMPLICIDADE DA FELICIDADE: A JORNADA DE EVANDRO RUMO À GRATIDÃO E ALEGRIA

Evandro era um homem com uma perspectiva única sobre a vida. Ele acreditava que a verdadeira felicidade e alegria vinham de apreciar as coisas simples e cultivar uma gratidão constante por todas as bênçãos, grandes e pequenas, que o cercavam.

Desde muito jovem, Evandro tinha o dom de encontrar beleza e significado nas pequenas coisas do dia a dia. Ele tinha uma visão aguçada para perceber as nuances da vida e as oportunidades de ajudar e alegrar a vida dos outros.

Em sua jornada, Evandro encontrou pessoas de todos os tipos e caminhos. Ele conheceu um idoso internado em um hospital, que lutava contra a solidão e a tristeza. Ao saber que o senhor não tinha recursos para comprar um lanche na cantina, Evandro decidiu usar o pouco dinheiro que tinha para pagar um salgado para ele. A alegria nos olhos do idoso quando recebeu o lanche era uma recompensa maior do que qualquer riqueza material.

Além disso, Evandro também encontrou alguém que lutava contra a ansiedade, uma batalha que ele próprio conhecia bem. Quando soube que uma pessoa próxima estava passando por momentos difíceis com crises de ansiedade, ele decidiu compartilhar seu livro sobre o assunto, sabendo que poderia ajudar a trazer um pouco de conforto e controle para a vida dessa pessoa. Evandro acreditava que, ao ajudar o outro, ele também encontrava um propósito maior em sua própria jornada.

Ele praticava a gratidão diariamente, encontrando alegria em pequenas coisas como um dia ensolarado, uma xícara de café quente ou um sorriso de um estranho. Ele sabia que a verdadeira riqueza não estava na quantidade de bens materiais que possuía, mas na capacidade de satisfazer-se facilmente com as bênçãos diárias que a vida lhe proporcionava.

Evandro ensinou às pessoas ao seu redor o valor da gratidão e da simplicidade. Ele inspirou muitos a olhar além das preocupações e das adversidades, e a encontrar a alegria no presente. Sua visão de mundo era um lembrete constante de que, praticando a gratidão e satisfazendo-nos facilmente com as pequenas coisas, encontramos uma felicidade genuína e duradoura.

A história de Evandro espalhou-se, e muitos foram tocados por sua mensagem de gratidão e alegria. Ele deixou um legado de bondade e compaixão, mostrando às pessoas que a verdadeira riqueza está em encontrar a beleza nas coisas simples e em compartilhar essa alegria com os outros.

Evandro acreditava que, ao viver uma vida de gratidão e ajudar os outros a encontrar a felicidade, ele estava cumprindo seu propósito mais profundo. Ele encontrou um significado maior em sua própria existência, e sua jornada se tornou uma inspiração para todos aqueles que tiveram a sorte de cruzar seu caminho.

Por meio da prática da gratidão e da satisfação fácil, Evandro descobriu o segredo para conhecer a verdadeira alegria. Ele mostrou ao mundo que a felicidade está ao alcance de todos, basta olhar além das preocupações e encontrar gratidão nas pequenas coisas que nos cercam.

Evandro nos ensinou que, quando nos satisfazemos facilmente e cultivamos uma gratidão constante, podemos experimentar uma vida plena e significativa, cheia de alegria e propósito. Sua história ecoa nas mentes e nos corações daqueles que desejam encontrar a verdadeira felicidade e aprender a apreciar a vida em sua plenitude.

A JORNADA DE EDUARDA: DESCOBRINDO O PODER DA AUTOAPRECIAÇÃO

Eduarda era uma mulher de alma sensível e coração gentil. Ela tinha uma perspectiva única sobre a importância da gratidão e apreciação não apenas para os outros, mas também para si mesma. No entanto, Eduarda enfrentava um desafio com o qual muitas pessoas podem se identificar: a dificuldade em reconhecer e valorizar suas próprias qualidades.

Eduarda sempre encontrava alegria e satisfação em expressar gratidão aos outros. Ela sabia o quanto era importante reconhecer as boas ações e qualidades das pessoas ao seu redor. No entanto, quando se tratava de olhar para si mesma, Eduarda se via envolta em um véu de negatividade e autocrítica.

Ela tinha uma tendência a focar em suas inadequações e falhas, em vez de apreciar suas forças e virtudes. Quando alguém a elogiava, ela rapidamente desviava o elogio, pensando em suas imperfeições. Era como se ela tivesse uma perspectiva distorcida de quem ela realmente era.

Eduarda percebeu que precisava mudar essa mentalidade. Ela sabia que a autoapreciação não era algo antinatural ou errado, mas sim essencial para o seu bem-estar emocional e autoaceitação. Ela entendeu que valorizar seus pontos fortes não significava ignorar suas fraquezas, mas sim ter compaixão por si mesma em todos os aspectos.

Para começar essa jornada de autoapreciação, Eduarda decidiu fazer uma lista de suas qualidades positivas. No início, foi difícil para ela reconhecer suas próprias boas qualidades. O viés de negatividade ainda estava presente, tentando diminuir sua autoestima. Mas Eduarda persistiu e encontrou coragem para listar suas realizações, habilidades e características admiráveis.

TRAZENDO À TONA A VIDA: JORNADAS DE AMOR. AUTENTICIDADE E LIBERDADE

Ao olhar para essa lista, Eduarda percebeu que estava olhando para uma pessoa incrível e única. Ela entendeu que, assim como todos têm pontos fracos e imperfeições, todos também têm pontos fortes e qualidades notáveis. Eduarda começou a aceitar-se integralmente, reconhecendo que suas falhas não definiam sua identidade.

Com o tempo, Eduarda desenvolveu uma perspectiva mais equilibrada de si mesma. Ela aprendeu a valorizar suas boas qualidades e a ter compaixão por suas fraquezas. Ela compreendeu que ser gentil consigo mesma e apreciar suas próprias realizações não era egoísmo, mas sim uma forma de nutrir sua autoestima e bem-estar emocional.

À medida que Eduarda se permitia apreciar suas próprias qualidades, ela começou a irradiar confiança e amor-próprio. Essa mudança positiva não passou despercebida pelas pessoas ao seu redor. Ela se tornou uma fonte de inspiração para aqueles que também lutavam com a autocrítica e a falta de autoapreciação.

Eduarda continuou sua jornada de autoaceitação, sabendo que a valorização de si mesma era um processo contínuo. Ela aprendeu a abraçar suas imperfeições e a celebrar suas conquistas, grandes ou pequenas. Eduarda encontrou a verdadeira essência da aceitação integral, exatamente como ela era.

A história de Eduarda nos lembra da importância de valorizar e apreciar a nós mesmos. Ao reconhecer nossas boas qualidades e aceitar nossas falhas, podemos encontrar a paz interior e cultivar um amor-próprio saudável. Que a jornada de Eduarda inspire todos nós a abraçar nossa própria autenticidade e a nos amar por inteiro.

O BRILHO DE ISABELA: ENCONTRANDO A AUTENTICIDADE E VALORIZANDO O AMOR

Isabela era uma criança especial, com um brilho único em seus olhos. Desde cedo, ela demonstrava uma autenticidade e uma capacidade de amar e ser amada que encantava a todos ao seu redor. Ela irradiava alegria e bondade, e sua presença era como um raio de sol iluminando a vida das pessoas.

Desde muito pequena, Isabela entendia o poder de deixar sua própria luz brilhar. Ela não tinha medo de ser quem era e expressar sua verdadeira essência. Seu sorriso contagiante e sua energia positiva eram contagiantes, inspirando aqueles ao seu redor a também mostrarem sua autenticidade.

Isabela compreendia que, ao deixar sua luz brilhar, ela não apenas se beneficiava, mas também permitia que os outros fizessem o mesmo. Ela entendia que todos têm uma centelha interior única, esperando para ser despertada. Sua simples presença e aceitação incondicional eram um convite para que as pessoas ao seu redor se libertassem de seus próprios medos e permitissem que sua luz interior brilhasse.

A valorização de si mesma também era uma parte importante da filosofia de vida de Isabela. Ela reconhecia que não estava sozinha em seu crescimento e desenvolvimento. Ela sabia que sua família, amigos e todos que a cercavam desempenharam um papel fundamental em sua jornada. Ela valorizava cada pessoa que havia contribuído para seu crescimento, amorosamente reconhecendo sua importância.

Para Isabela, valorizar a si mesma também significava valorizar os outros. Ela não via suas qualidades como exclusivas, mas como parte

TRAZENDO À TONA A VIDA: JORNADAS DE AMOR, AUTENTICIDADE E LIBERDADE

de um mosaico diversificado de habilidades e virtudes compartilhadas por todos. Ela celebrava as conquistas dos outros e encontrava alegria em apoiá-los em seus próprios caminhos.

Enquanto Isabela crescia, sua luz continuava a brilhar cada vez mais intensamente. Ela se tornou uma fonte de inspiração não apenas para outras crianças, mas também para adultos. Sua autenticidade e amor incondicional tocavam os corações das pessoas, mostrando-lhes que todos têm o poder de fazer a diferença e espalhar bondade pelo mundo.

A história de Isabela nos ensina que todas as crianças nascem com a capacidade de brilhar. Elas nos lembram que devemos valorizar a nós mesmos e aos outros, permitindo que cada pessoa mostre sua autenticidade e compartilhe seu amor com o mundo. Que possamos aprender com a sabedoria e a simplicidade de Isabela, tornando-nos a melhor versão de nós mesmos e inspirando os outros a fazerem o mesmo.

DA VITIMIZAÇÃO À TRANSFORMAÇÃO: A JORNADA DE REGINA PARA A AUTENTICIDADE E RESPONSABILIDADE

Regina era uma mulher corajosa e determinada. Durante muito tempo, ela carregou consigo uma carga pesada de ressentimentos e mágoas, culpando os outros e as circunstâncias por sua infelicidade. Mas um dia, algo dentro dela despertou, e ela percebeu que a chave para sua transformação estava em suas próprias mãos.

Foi um momento de epifania para Regina quando ela compreendeu que era ela mesma quem estava se fazendo mal. Era ela quem permitia que os pensamentos negativos e as emoções tóxicas tomassem conta de sua vida. Foi nesse momento que as portas da esperança se abriram, e ela viu uma oportunidade de mudança e crescimento.

A primeira atitude de Regina em direção ao autodesenvolvimento e ao equilíbrio emocional foi aceitar que ela tinha 100% de responsabilidade por sua vida e seu comportamento. Ela reconheceu que sua formação e as influências externas foram importantes, mas agora, como adulta, era sua responsabilidade questionar e avaliar os valores e crenças que havia internalizado ao longo dos anos.

Regina entendeu que enquanto ela continuasse culpando os outros e as circunstâncias por sua infelicidade, ela apenas se vitimizaria e não encontraria uma solução adequada. Ela percebeu que assumir a responsabilidade por suas escolhas e emoções era o primeiro passo para sua liberdade e bem-estar.

TRAZENDO À TONA A VIDA: JORNADAS DE AMOR. AUTENTICIDADE E LIBERDADE

Com determinação e coragem, Regina embarcou em uma jornada de autoconhecimento e crescimento pessoal. Ela se dedicou a explorar suas crenças limitantes e questionar suas próprias narrativas internas. Ela buscou terapia, leu livros inspiradores e procurou o apoio de pessoas que compartilhavam de sua busca por autenticidade e transformação.

À medida que Regina se aprofundava em seu processo de autodescoberta, ela começou a encontrar respostas dentro de si mesma. Ela descobriu que tinha o poder de mudar seus pensamentos, suas emoções e suas reações diante das situações da vida. Ela aprendeu a liberar o passado e a se concentrar no presente, abraçando a oportunidade de criar uma nova realidade para si mesma.

À medida que Regina assumia o controle de sua vida, ela experimentava uma sensação de liberdade e empoderamento. Ela descobriu que a verdadeira solução estava em sua capacidade de escolher como reagir diante dos desafios e como moldar sua própria felicidade.

Regina inspirou muitas pessoas ao seu redor com sua transformação. Sua jornada de autodesenvolvimento e aceitação responsável tornou-se um exemplo de superação e resiliência. Ela mostrou a todos que a mudança começa de dentro e que cada indivíduo tem o poder de criar a vida que deseja.

A história de Regina nos lembra da importância de assumir a responsabilidade por nossa própria felicidade e bem-estar. Ela nos ensina que, ao abandonarmos a postura de vítimas e assumirmos o controle de nossas vidas, somos capazes de encontrar a verdadeira liberdade e transformação. Que possamos seguir o exemplo de Regina, abraçando nossa responsabilidade e escolhendo o caminho da autorresponsabilidade e do crescimento pessoal.

ROMPENDO AS CADEIAS DO MEDO: A JORNADA DE SIMONE EM BUSCA DA ESPERANÇA

Era uma vez uma mulher chamada Simone, que carregava consigo uma história marcada pelo medo e pela falta de esperança. Desde criança, ela havia sido ensinada a temer, a se proteger do desconhecido e a ver o mundo como um lugar perigoso.

Simone vivia em constante cautela, evitando correr riscos e se mantendo dentro de sua zona de conforto. Ela vestia panos de medo, envolvendo-se em uma armadura protetora que a impedia de se abrir para novas possibilidades.

No entanto, dentro do coração de Simone, havia um anseio por algo mais. Ela sentia um chamado interior, uma pequena chama de esperança que ainda brilhava mesmo diante das circunstâncias desfavoráveis. Ela desejava uma vida além do medo, uma vida em que pudesse verdadeiramente experimentar a plenitude e a alegria.

Um dia, Simone encontrou um livro antigo que falava sobre a importância da esperança e do poder transformador que ela possuía. Ela se viu imersa nas palavras de Drummond e de Aristóteles, que descreviam a esperança como uma abertura para o futuro, um desafogo diante de um presente asfixiante.

Aquelas palavras tocaram o coração de Simone. Ela percebeu que, embora tivesse sido educada para o medo, ela tinha dentro de si a capacidade de mudar sua perspectiva e permitir que a esperança florescesse.

Determinada a deixar para trás a prisão do medo, Simone decidiu fazer uma jornada de autotransformação. Ela começou a questionar suas crenças limitantes, a desafiar seus medos e a se abrir para o desconhecido.

TRAZENDO À TONA A VIDA: JORNADAS DE AMOR. AUTENTICIDADE E LIBERDADE

Passo a passo, Simone começou a experimentar pequenas mudanças em sua vida. Ela se permitiu fazer coisas que antes considerava impossíveis, como conhecer novas pessoas, explorar novos lugares e buscar novas oportunidades.

À medida que Simone se libertava do medo, ela descobriu a verdadeira essência da esperança. Não se tratava apenas de esperar passivamente pelo que viria, mas sim de criar ativamente o futuro que ela desejava. Ela aprendeu que a esperança era uma força motriz, uma inclinação para o vir a ser e para o que gostaríamos que fosse.

Com o tempo, Simone abandonou a mentalidade de desejo e falta, e abraçou a capacidade de fazer a hora acontecer. Ela percebeu que não precisava mais esperar passivamente pelo que desejava, mas podia tomar as rédeas de sua vida e criar a realidade que tanto almejava.

Simone se tornou uma inspiração para aqueles ao seu redor. Sua coragem e determinação mostraram a todos que é possível superar o medo e encontrar esperança mesmo nas situações mais difíceis.

E assim, Simone continuou sua jornada, espalhando a mensagem de que o medo não precisa ser uma prisão e que a esperança pode ser um farol de luz em meio à escuridão. Ela descobriu que, ao abrir-se para o desconhecido e abraçar a esperança, a vida se transforma em uma jornada cheia de possibilidades e realizações.

A BELEZA DOS ENCONTROS AUTÊNTICOS: A JORNADA DE DANIEL EM BUSCA DO VALOR HUMANO

Havia um homem chamado Daniel, cuja vida era marcada por um profundo apreço pela beleza e uma constante busca por conexão genuína com os outros. Ele tinha a habilidade única de enxergar o lado positivo em cada situação e nas pessoas ao seu redor.

Daniel encontrava alegria e plenitude em simplesmente contemplar as maravilhas do mundo ao seu redor. Cada pôr do sol era uma obra-prima que o encantava, e ele valorizava as riquezas presentes em cada ser humano que cruzava seu caminho. Era capaz de se maravilhar diante da diversidade e complexidade de cada indivíduo, encontrando sempre algo de belo e digno de consideração em suas ações e pensamentos.

Ele compreendia que ninguém era completamente vil ou cruel. Daniel acreditava que cada pessoa carregava dentro de si uma mescla de luz e sombras, e que era sua responsabilidade enxergar além das aparências e reconhecer a complexidade de cada ser humano.

Em momentos de reflexão profunda, Daniel se questionava se havia sido capaz de apreciar verdadeiramente a diversidade e a grandeza daqueles que o rodeavam. Ele reconhecia que, em certas ocasiões, poderia ter se fechado em si mesmo, perdendo a oportunidade de enxergar o valor e a humanidade presente nos outros.

No entanto, ele não se deixava abater pelo remorso. Sabia que era humano e passível de erros. Em vez disso, ele transformava essas reflexões em lições de crescimento pessoal. Daniel entendia que o amor e o interesse pelas pessoas não tinham limites. Ele se esforçava para nunca reduzir sua visão do outro a um único aspecto negativo.

Com sua atitude aberta e compassiva, Daniel criava conexões profundas com as pessoas ao seu redor. Ele valorizava cada encontro como uma oportunidade de aprendizado e crescimento mútuo. Seu coração generoso e seu desejo sincero de compreender os outros o tornavam uma presença especial na vida daqueles que o conheciam.

A jornada de Daniel era pautada pelo amor e pela apreciação pelo mundo e pelas pessoas que o habitavam. Ele entendia que a verdadeira riqueza estava em sua capacidade de enxergar além das superficialidades e encontrar o valor intrínseco em cada ser humano.

E assim, Daniel continuou sua jornada, disseminando a importância de olhar para além das aparências e cultivar a compreensão e o amor verdadeiro. Sua existência era uma inspiração para todos aqueles que tinham a oportunidade de cruzar seu caminho, pois ele mostrava que a verdadeira riqueza da vida reside na valorização e no cuidado com o próximo.

DESPERTANDO PARA A VERDADE: A JORNADA DE ALBERTO EM BUSCA DA LIBERDADE INTERIOR

Havia um homem chamado Alberto, cuja existência estava aprisionada em uma gaiola invisível. Ele carregava consigo uma alma inquieta, como um pássaro que ansiava pela liberdade. Em suas reflexões, ele se lembrava das palavras de Victor Hugo, que comparava a alma humana a um pássaro que carrega sua própria gaiola.

Alberto sentia-se como um dos prisioneiros da alegoria da caverna de Platão. Ele percebia que havia uma multidão de pessoas acorrentadas, incapazes de enxergar além das sombras projetadas na parede da caverna. No entanto, em meio a tantos, ele era o único que conseguiu libertar-se das amarras e escapar para a luz do mundo exterior.

Ao emergir na claridade, Alberto sentiu-se inicialmente desconfortável e desorientado. Sua alma, acostumada à escuridão da caverna, teve que se adaptar a um novo ambiente e a uma nova percepção da realidade. A transição não foi fácil, mas ele estava determinado a compreender a verdade que se ocultava por trás das aparências.

À medida que seus olhos se acostumavam à luz, Alberto começou a perceber que aquilo que ele havia vivenciado dentro da caverna não era a verdadeira realidade. Aquelas sombras projetadas na parede eram apenas ilusões, meras aparências que não podiam mais enganá-lo. Ele entendia que a vida estava além das superfícies, além das meras aparências.

Alberto sabia que não poderia mais viver apenas com base nas aparências. Ele se recusava a ser prisioneiro de uma realidade ilusória. Sua alma ansiava por uma verdade mais profunda, por uma existência autêntica e significativa.

Assim, Alberto embarcou em uma jornada de autoconhecimento e busca pela verdade. Ele explorou diferentes caminhos, mergulhou nas profundezas de sua própria consciência e questionou todas as certezas preestabelecidas. Ele sabia que a verdade estava além das aparências e que somente ao desvendar as camadas mais profundas de si mesmo poderia encontrar a liberdade e a plenitude.

Ao longo de sua jornada, Alberto descobriu uma nova forma de viver. Ele aprendeu a enxergar além das superfícies, a valorizar a essência das coisas e das pessoas. Ele compreendeu que a verdadeira riqueza estava na conexão genuína com o mundo e com os outros seres humanos.

Alberto se tornou um ser iluminado, capaz de transmitir sua sabedoria aos que o rodeavam. Ele compartilhava sua visão de que a realidade não se limita ao que é visível aos olhos, mas sim àquilo que se revela no âmago do ser. Ele inspirava outros a questionarem suas próprias gaiolas internas, a se libertarem das amarras que os prendiam e a buscar uma existência autêntica e plena.

E assim, Alberto continuou a voar com sua alma livre, compartilhando a mensagem de que as aparências não podem ditar a forma como vivemos. Ele entendia que a verdadeira essência da vida reside na coragem de buscar a realidade além das sombras e de encontrar a liberdade em meio às gaiolas que carregamos conosco.

ESCOLHENDO O AMOR E A FELICIDADE: A JORNADA DE LUCIANA RUMO À AUTENTICIDADE

Luciana era uma mulher de espírito livre e apaixonado. Ela tinha um coração cheio de amor e acreditava firmemente na importância de viver uma vida autêntica e feliz.

Um dia, a mãe de Luciana veio visitá-la. No passado, viver com sua mãe costumava trazer alegria e prazer, mas algo havia mudado. Luciana percebeu que estava tolerando a infelicidade resultante do narcisismo de sua mãe. Ela percebeu que não deveria se conformar com a infelicidade, mesmo que isso significasse abrir mão de relacionamentos familiares.

Luciana compreendeu que viver infeliz não era uma opção viável. Ela reconheceu que estava habituada a essa infelicidade e decidiu que era hora de fazer uma mudança. Ela sabia que merecia uma vida plena de amor e alegria, e não estava disposta a se comprometer com menos do que isso.

Em vez de ficar com raiva, ser destrutiva ou carregar ressentimento, Luciana optou por seguir um caminho de amor e aceitação. Ela entendeu que o amor é algo que não pode ser manipulado ou forçado. É um mistério que vem e vai em sua própria vontade.

Luciana escolheu abraçar o amor como uma brisa suave, permitindo que ele entrasse e saísse de sua vida sem tentar controlá-lo. Ela sabia que o amor não poderia ser legalizado ou imposto por qualquer razão. Em vez disso, ela decidiu cultivar o amor dentro de si mesma e compartilhá-lo com aqueles ao seu redor de maneira autêntica e genuína.

Essa decisão trouxe uma transformação profunda para Luciana. Ela se libertou das expectativas e das amarras emocionais que a mantinham presa à infelicidade. Ela se tornou uma pessoa radiante, irradiando amor e compaixão por onde passava.

Luciana mostrou a todos ao seu redor que a felicidade está em nossas mãos e que temos o poder de escolher como queremos viver. Ela inspirou outros a buscar o amor verdadeiro, a aceitar a si mesmos e a valorizar sua própria felicidade.

A história de Luciana nos lembra que a felicidade e o amor são escolhas que fazemos todos os dias. Não devemos tolerar a infelicidade ou permitir que as circunstâncias ou as ações dos outros nos impeçam de viver uma vida autêntica e cheia de amor.

Que possamos seguir o exemplo de Luciana, cultivando o amor em nossos corações, aceitando a nós mesmos e escolhendo viver uma vida plena e feliz.

PERDÃO E CURA: A JORNADA DE REBECA RUMO À LIBERDADE EMOCIONAL

Havia uma jovem chamada Rebeca, cujo coração estava repleto de cicatrizes causadas pelas ações de sua mãe. Ela carregava consigo uma carga pesada de raiva e amargura, resultado das várias vezes em que havia sido prejudicada. Rebeca sabia que, apesar do sofrimento, a coisa mais compassiva que poderia fazer era perdoar.

No entanto, ela entendia que o perdão não era um processo simples. Envolver-se no perdão significava abandonar a raiva que a consumia, mas Rebeca sabia que antes de deixar a raiva ir embora, precisava passar por um processo de luto. Era necessário abrir-se para a dor que havia experimentado, permitindo-se sentir as emoções profundas que a magoaram.

Rebeca compreendia que, para perdoar sua mãe, precisava primeiro dar espaço à sua própria dor. Era essencial reconhecer e enfrentar as feridas emocionais antes de poder liberar a raiva e permitir a cura em seu coração. Da mesma forma, ela sabia que, para perdoar a si mesma, deveria enfrentar a dor, o remorso e a culpa pelos danos que havia causado a si mesma.

A jovem compreendia a natureza humana, sabendo que todos somos seres imperfeitos. Essa compreensão a ajudava a não levar seus próprios erros de forma tão pessoal. Rebeca compreendia que, embora fosse responsável por suas ações, também precisava reconhecer sua humanidade e aceitar que os erros faziam parte do processo de aprendizado e crescimento.

Rebeca decidiu interromper qualquer comportamento prejudicial a si mesma. Ela escolheu assumir a responsabilidade por suas ações e reconhecer o dano que havia causado. Em vez de se afundar na culpa, ela se comprometeu a aprender com seus erros e a buscar a mudança.

O perdão não veio facilmente para Rebeca, mas ela sabia que era um passo necessário para sua própria cura emocional. Com o tempo, ela começou a liberar a raiva e a amargura que havia carregado por tanto tempo. Ao abrir-se para a dor, ela encontrou espaço para o perdão.

O processo de perdão foi libertador para Rebeca. Ela aprendeu a perdoar sua mãe, reconhecendo a humanidade dela e entendendo que, apesar das feridas causadas, cada um carrega suas próprias batalhas internas. Além disso, Rebeca aprendeu a perdoar a si mesma, aceitando sua imperfeição e se comprometendo a crescer e se tornar uma versão melhor de si mesma.

Ao adotar essa perspectiva compassiva em relação ao perdão, Rebeca se sentiu mais segura emocionalmente. Ela compreendeu que a responsabilidade pelas ações não precisava ser carregada como um fardo pesado, mas como uma oportunidade de aprendizado e crescimento.

Rebeca abraçou sua jornada de perdão e autodescoberta, usando sua experiência como uma oportunidade para se tornar uma pessoa mais compassiva e amorosa. Ela descobriu que, ao perdoar, não apenas liberava os outros, mas também encontrava liberdade e cura para si mesma.

A história de Rebeca nos lembra que o perdão é um processo poderoso e transformador. Ao nos abrirmos para a dor, podemos encontrar a paz interior e construir relacionamentos mais saudáveis e significativos. O perdão nos permite deixar para trás o peso do passado e seguir adiante, com compaixão em nossos corações.

O AMOR QUE TRANSBORDA: A JORNADA DE JOÃO EM COMPARTILHAR SUA PLENITUDE

João era um homem que carregava consigo um amor profundo e transbordante. Inspirado pelas palavras de Khalil Gibran, ele compreendia a importância de permitir espaços na união e deixar os ventos dos céus dançarem entre as almas.

Para João, o amor não era uma obrigação, mas um sentimento que fluía livremente. Ele entendia que amar não significava prender ou controlar o outro, mas sim compartilhar e criar um mar em movimento, onde as almas encontravam liberdade e crescimento.

João sentia-se completo em seu amor e reconhecia que isso era suficiente. Ele não buscava encontrar alguém para completá-lo, mas sim alguém com quem pudesse compartilhar sua plenitude. Seu coração estava cheio de gratidão pela oportunidade de dar e receber amor.

Ele sabia que o verdadeiro significado do amor estava em compartilhar, em ser capaz de dar de si mesmo sem esperar nada em troca. Sua generosidade transbordava para além de si mesmo, pois ele desejava oferecer seu amor a alguém que estivesse disposto a recebê-lo de coração aberto.

Para João, o mais importante era a conexão e a troca genuína de afeto. Ele sabia que, ao compartilhar seu amor, poderia criar laços significativos e profundos com outra pessoa. Era isso que importava para ele.

Assim, João continuou em sua jornada, com seu coração aberto e cheio de amor. Ele estava disposto a encontrar alguém que pudesse receber e valorizar o amor que ele tinha para oferecer. Enquanto isso, ele seguia espalhando bondade, compaixão e generosidade por onde passava, sabendo que, no momento certo, o universo traria alguém especial para compartilhar seu mar de amor.

A história de João nos ensina que o amor verdadeiro é uma dádiva que compartilhamos livremente, sem expectativas ou imposições. É um sentimento que nos transborda e nos conecta com o mundo ao nosso redor. Quando estamos dispostos a compartilhar nosso amor, criamos espaços para a beleza e a alegria fluírem em nossas vidas.

EQUILIBRANDO O ENTUSIASMO: A LIÇÃO DE SABEDORIA DE CARLOS PARA O SUCESSO COMPARTILHADO

Carlos era um homem cheio de entusiasmo e paixão em tudo o que fazia. Ele tinha grandes sonhos e estava determinado a alcançar o sucesso em sua carreira e em sua vida pessoal. No entanto, Carlos aprendeu uma valiosa lição ao longo de sua jornada: a importância de moderar seu entusiasmo e compartilhá-lo de maneira harmoniosa.

Carlos percebeu que, por mais eficaz que algo pudesse ser, se ele impusesse sua vontade aos outros, poderia causar um efeito contrário ao desejado. Ele entendeu que seu zelo excessivo poderia ser interpretado como imposição e afastar as pessoas, ao invés de aproximá-las.

Com o tempo, Carlos aprendeu a controlar seu entusiasmo e a desenvolver a sabedoria necessária para compreender as necessidades e perspectivas de seus colegas de trabalho. Ele percebeu que, para alcançar um objetivo em comum, era essencial ouvir e entender as pessoas ao seu redor, respeitando suas ideias e contribuições.

Carlos descobriu que o verdadeiro sucesso não estava apenas em ter razão, mas em cultivar relacionamentos saudáveis e felizes. Ele aprendeu que o mais importante era construir um ambiente de trabalho colaborativo, onde todos se sentissem valorizados e motivados a contribuir para o bem comum.

Com sua nova abordagem, Carlos viu uma transformação em sua vida. Ele criou conexões mais significativas com seus colegas, construiu parcerias sólidas e alcançou resultados além do esperado. Sua moderação e sabedoria permitiram que seu entusiasmo contagiasse as pessoas ao seu redor de uma maneira positiva, fortalecendo a equipe e criando um ambiente propício ao crescimento mútuo.

TRAZENDO À TONA A VIDA: JORNADAS DE AMOR. AUTENTICIDADE E LIBERDADE

Carlos entendia que o verdadeiro sucesso não era apenas uma conquista individual, mas a capacidade de ser feliz junto com aqueles que o rodeavam. Ele aprendeu a valorizar a importância de ouvir, respeitar e construir relacionamentos baseados na colaboração e na felicidade compartilhada.

A história de Carlos nos ensina que, embora o entusiasmo seja uma qualidade valiosa, é necessário equilibrá-lo com sabedoria e consideração pelos outros. Quando somos capazes de controlar nosso zelo e compartilhar nosso entusiasmo de maneira harmoniosa, criamos um ambiente propício ao crescimento, à felicidade e ao sucesso coletivo.

A ARTE DO DESCANSO: A JORNADA DE TIAGO PARA A TRANQUILIDADE E EQUILÍBRIO MENTAL

Tiago era um homem inquieto, sempre com a mente cheia de pensamentos e preocupações. Ele vivia em constante turbilhão, sentindo que o mundo ao seu redor também estava em constante agitação. As responsabilidades do trabalho, os relacionamentos e as pressões da vida cotidiana o deixavam exausto.

Certo dia, Tiago decidiu que era hora de dar um tempo e descansar sua mente. Ele percebeu que aquilo em que sua mente prestava atenção se tornava seu mundo, e ele estava cansado de um mundo repleto de estresse e ansiedade.

Tiago começou a buscar momentos de descanso e relaxamento. Ele se deu permissão para aproveitar os prazeres simples da vida, como estar com amigos, assistir a um bom filme, ouvir música e tirar férias sozinho. Ele aprendeu a encontrar momentos de calma e tranquilidade, permitindo que sua mente e seu mundo se acalmassem também.

Uma das maiores lições que Tiago aprendeu foi a importância de ser amigo de suas próprias emoções. Ele descobriu que prestar atenção pura, sem julgamentos, era uma forma elevada de inteligência e amor. Em vez de resistir às emoções ou tentar suprimi-las, ele as acolhia com compaixão e entendimento. Ao observar seus sentimentos emergindo e desaparecendo, ele se conectava com seu eu mais profundo, aquele vasto silêncio que existe além das preocupações e inquietações.

Tiago começou a perceber a beleza ao seu redor de uma maneira mais profunda. Quando olhava para a água, ele se tornava água, mergulhando em sua fluidez e serenidade. Quando contemplava uma flor, ele se tornava a própria flor, apreciando sua delicadeza e fragilidade.

Com o tempo, Tiago se libertou da resistência interminável em relação ao que era. Ele aprendeu a abraçar a impermanência da vida e a encontrar paz no presente. Ele descobriu que, ao descansar sua mente e se conectar com a essência de quem ele realmente era, podia experimentar alegria e entusiasmo genuínos pela vida.

A jornada de Tiago foi uma transformação de dentro para fora. Ele aprendeu a encontrar o equilíbrio entre a agitação e o descanso, entre a preocupação e a aceitação. Sua vida se tornou uma sinfonia de momentos de paz e presença, permitindo que ele desfrutasse plenamente de cada experiência que o mundo tinha a oferecer.

A história de Tiago nos lembra da importância de cuidarmos de nossa mente e de encontrarmos momentos de descanso e tranquilidade. Ao nos tornarmos amigos de nossas emoções e cultivarmos a atenção plena, podemos transformar nossa visão do mundo e viver com mais serenidade e gratidão.

O EQUILÍBRIO DOS RELACIONAMENTOS: A JORNADA DE CARLA PARA CULTIVAR LAÇOS SAUDÁVEIS E SIGNIFICATIVOS

Carla era uma mulher que valorizava profundamente os relacionamentos em sua vida. Ela sabia que, para alcançar a felicidade, era essencial cultivar laços saudáveis e significativos com as pessoas ao seu redor. Carla entendia que isso exigia esforço e equilíbrio.

Ela percebeu que, ao se aproximar demais das pessoas sem respeitar o espaço pessoal de cada um, acabava se sentindo sufocada e exausta. Carla compreendeu a importância de construir um ambiente onde todos se sentissem livres para serem eles mesmos, preservando sua privacidade e independência. Ela aprendeu que o excesso de proximidade sem respeitar esses limites poderia prejudicar os relacionamentos e gerar ressentimentos.

Por outro lado, Carla também entendia que não podia se distanciar completamente dos amigos e familiares. Ela sabia que o amor e o calor humano eram fundamentais para o seu bem-estar emocional. Carla percebeu que precisava se esforçar para estar presente na vida das pessoas que amava, oferecendo seu apoio, carinho e atenção.

O segredo que Carla descobriu era encontrar um equilíbrio saudável. Ela não esperava que os outros sempre agissem de acordo com suas vontades e preferências. Carla compreendia que, ao impor suas expectativas e desejos sobre os outros, poderia se tornar arrogante e prejudicar os relacionamentos.

TRAZENDO À TONA A VIDA: JORNADAS DE AMOR. AUTENTICIDADE E LIBERDADE

Carla aprendeu a ser flexível e respeitar as diferenças de opiniões e perspectivas. Ela valorizava a diversidade e entendia que as adversidades da vida traziam oportunidades de crescimento e amadurecimento. À medida que enfrentava desafios, Carla se tornava mais empática e compreensiva, o que fortalecia os laços com as pessoas ao seu redor.

Carla se tornou uma mestra na arte de manter bons relacionamentos. Ela dedicava tempo e energia para nutrir essas conexões, cultivando uma atmosfera de amor, respeito e compreensão mútua. Sua abordagem equilibrada permitia que ela desfrutasse de relacionamentos saudáveis e duradouros, trazendo felicidade tanto para si mesma quanto para as pessoas ao seu redor.

A história de Carla nos lembra da importância de investirmos em relacionamentos significativos e equilibrados. Ao encontrar o ponto de equilíbrio entre a proximidade e o respeito pelo espaço pessoal, e ao desenvolver compreensão e empatia, podemos construir laços profundos e gratificantes. O crescimento e a maturidade que adquirimos ao enfrentar as adversidades da vida nos capacitam a valorizar e fortalecer nossas relações interpessoais.

DESPRENDENDO-SE DAS PREOCUPAÇÕES: A JORNADA DE JONAS PARA VIVER O MOMENTO PRESENTE

Jonas era um homem cheio de preocupações. Sua mente estava constantemente repleta de pensamentos sobre o futuro, sobre como as coisas poderiam dar errado e sobre suas próprias inseguranças. Essas preocupações o impediam de aproveitar plenamente o momento presente e de se entregar às oportunidades que surgiam em sua vida.

Uma pessoa especial havia cruzado o caminho de Jonas, mas suas preocupações o dominavam. Ele se preocupava em não ser importante o suficiente, em ser substituído por amigos antigos ou em não estar à altura das expectativas. Ele recusava convites para sair, cancelava encontros e deixava escapar oportunidades de se aproximar e conhecer melhor essa pessoa.

Em raras ocasiões em que estava com ela, as preocupações ainda o assombravam. Ele se preocupava se tinha uma camisinha, se lembrava de elogiar sua aparência ou se conseguiria agradá-la com um presente. Suas preocupações dominavam sua mente e o impediam de realmente desfrutar dos momentos juntos.

No Dia dos Namorados, Jonas sentiu-se sobrecarregado com as preocupações. Ele não sabia o que dar como presente e, temendo perdê-la, ficou desesperado. Correu para a casa dela para conversar, mas sua preocupação era tanta que ele não notou detalhes importantes, como a roupa que ela estava usando. Ele expressou seus sentimentos, mas sua ansiedade e preocupação eram evidentes, e isso causou uma certa frieza no relacionamento.

Ao receber uma resposta que não esperava, Jonas ficou ainda mais preocupado. Ele sentia falta de uma resposta clara e positiva, mas também compreendia que a pessoa em questão estava aprendendo a lidar com suas próprias experiências passadas e a mostrar seus sentimentos com cautela. No fundo, ele percebeu que ela também era como ele, cheia de preocupações e incertezas.

Jonas voltou para casa naquela noite, com a mente cheia de pensamentos. Ele se deu conta de que suas preocupações constantes estavam afetando seu relacionamento e sua própria felicidade. Ele percebeu que precisava aprender a se desprender dessas preocupações e viver o momento presente. Ele decidiu que não permitiria que suas inseguranças o dominassem, e que trabalharia em si mesmo para cultivar a confiança e a capacidade de desfrutar plenamente de seus relacionamentos.

A partir desse momento, Jonas começou a se dedicar a compreender e controlar suas preocupações. Ele buscava técnicas de *mindfulness*, aprendeu a identificar seus pensamentos negativos e a substituí-los por pensamentos mais positivos. Gradualmente, ele começou a se desprender das preocupações excessivas e a viver de forma mais leve e presente.

Com o tempo, Jonas e a pessoa especial em sua vida começaram a se entender melhor. Eles trabalharam juntos para construir um relacionamento baseado na compreensão, na confiança e na aceitação das imperfeições de cada um. Eles aprenderam a valorizar o presente e a não deixar que as preocupações os privassem de momentos preciosos juntos.

Jonas descobriu que, ao liberar suas preocupações e viver o momento presente, ele podia experimentar a verdadeira alegria e conexão com os outros. Ele aprendeu que a vida é cheia de incertezas, mas que enfrentar essas incertezas com coragem e confiança pode levar a experiências maravilhosas e significativas.

Assim, Jonas continuou em sua jornada de autodescoberta e crescimento pessoal, aprendendo a viver uma vida menos preocupada e mais plena. Ele encontrou um equilíbrio entre suas preocupações e a capacidade de desfrutar de cada momento que a vida lhe oferecia. E, à medida que ele se tornava mais consciente de si mesmo e das pessoas ao seu redor, ele descobria que a felicidade verdadeira estava mais perto do que ele imaginava.

ENXERGANDO A GRANDEZA NAS SUTILEZAS DA VIDA: A JORNADA DE PATRÍCIA PARA VALORIZAR OS MOMENTOS COTIDIANOS

Patrícia era uma mulher inquieta, sempre em busca de algo novo e emocionante em sua vida. Ela compartilhava da mesma ideia que ouvira de um cliente: "queria tanto algo novo que até problema servia". Essa busca incessante por experiências inusitadas acabava fazendo com que Patrícia negligenciasse as pequenas alegrias e prazeres do cotidiano.

Ela se pegou refletindo sobre a apatia que muitas vezes a dominava. Percebeu que, ao desejar algo grandioso e inusitado, acabava escondendo as pequenas delícias do dia a dia. Como uma bandeira no palito, ela estava constantemente em busca de algo que chamasse sua atenção, mas ignorava os momentos simples e saborosos que estavam ao seu alcance.

Essa reflexão foi intensificada por um comentário aleatório que Patrícia ouviu em um lugar incomum. A pessoa falava sobre a falta de senso de absurdo no povo brasileiro, comparando com os Estados Unidos. Segundo essa pessoa, se algo absurdo acontecesse nos Estados Unidos, como pessoas sendo esfaqueadas enquanto andavam de bicicleta, haveria uma resposta rápida das autoridades. Por lá, as pessoas ainda conseguiam enxergar o absurdo. Mas aqui, muitas vezes, as coisas se tornavam indiferentes.

Patrícia concordava parcialmente com o comentário exagerado, mas havia uma verdade implícita nele. As coisas haviam se tornado banais e as pessoas pareciam estar se distanciando da capacidade de enxergar o absurdo. Ela questionava a si mesma se estava agindo como uma dessas pessoas indiferentes, que ignoravam os problemas e se apegavam apenas às superficialidades.

No fundo, Patrícia sabia que não queria ser uma dessas pessoas. Ela não queria ser boba, como muitos poderiam pensar, mas sim esperta o suficiente para sorrir diante das pequenas bandeirinhas da vida e chorar diante da banalidade da violência e da indiferença.

A partir desse momento de reflexão, Patrícia decidiu redirecionar seu olhar. Ela começou a valorizar as pequenas alegrias e os momentos de conexão genuína com as pessoas ao seu redor. Percebeu que a vida estava repleta de delícias sutis, e que encontrar a felicidade não precisava ser uma busca incessante por grandes eventos e experiências.

Patrícia aprendeu a apreciar um café quentinho pela manhã, um abraço apertado de um amigo, um pôr do sol no final do dia. Ela descobriu que a verdadeira magia da vida estava nas pequenas coisas, nos gestos simples e nas emoções genuínas.

Dessa forma, Patrícia decidiu encarar cada dia com um novo olhar, buscando encontrar beleza e significado nos momentos aparentemente banais. Ela se tornou uma defensora do senso de absurdo, não permitindo que a indiferença dominasse sua vida.

E assim, Patrícia encontrou uma nova forma de viver, aproveitando as pequenas gostosuras do cotidiano, valorizando cada momento presente e enxergando a grandeza nas sutilezas da vida.

ALÉM DAS APARÊNCIAS: A JORNADA DE MANOEL EM BUSCA DO AMOR AUTÊNTICO E DA VERDADEIRA FELICIDADE

Manoel era um homem comum, mas com uma visão extraordinária da vida. Ele acreditava que havia um deus desconhecido que habitava dentro de cada um de nós, uma força poderosa e grandiosa esperando para ser descoberta. Manoel sabia que as demonstrações de amor que experimentamos são apenas uma pequena parte do amor que está além delas, uma imensidão escondida que poderia transformar a nossa existência.

Quando o amor aparecia em sua vida, Manoel não hesitava em segui-lo, mesmo que às vezes o caminho parecesse difícil e áspero. Ele compreendia que o amor não era apenas um mar de flores, mas também envolvia desafios e adversidades. Manoel estava disposto a enfrentar as dificuldades que surgiam no seu caminho, sabendo que por trás das aparências existia algo maior e mais profundo.

Quando as asas do amor se estendiam ao seu redor, Manoel abria-se para recebê-lo. Ele não se deixava intimidar pelas possíveis feridas que as experiências amorosas poderiam causar. Manoel compreendia que o amor verdadeiro estava além das superficialidades e das aparências, e estava disposto a se entregar completamente, mesmo que isso significasse enfrentar momentos difíceis.

Manoel encontrava alegria e gratidão em ser uma pessoa comum. Ele acreditava que uma simples palavra de incentivo poderia mudar o futuro de alguém. Manoel entendia o poder transformador que reside

TRAZENDO À TONA A VIDA: JORNADAS DE AMOR. AUTENTICIDADE E LIBERDADE

em cada um de nós e reconhecia que pequenos gestos de bondade e encorajamento têm o potencial de criar um impacto positivo duradouro.

Para Manoel, a verdadeira felicidade não estava em buscar externamente, mas sim em olhar para dentro de si mesmo. Ele compreendia que a busca pela felicidade fora de nós pode ser uma jornada interminável e frustrante. No entanto, Manoel acreditava que, ao encontrar a felicidade dentro de si mesmo, era possível experimentar uma plenitude e satisfação que não dependiam das circunstâncias externas.

A história de Manoel nos lembra da importância de nos conectarmos com o amor que existe dentro de nós e ao nosso redor. É um convite para seguirmos o chamado do amor, mesmo que isso signifique enfrentar desafios e riscos. Manoel nos ensina a valorizar as pequenas demonstrações de amor e incentivo, reconhecendo o poder transformador que elas têm. E, acima de tudo, nos lembra que a verdadeira felicidade está dentro de nós mesmos, esperando para ser descoberta e cultivada.

EM BUSCA DO AMOR VERDADEIRO: A JORNADA DE CÍNTIA EM ENCONTRAR CONEXÕES AUTÊNTICAS E O AMOR-PRÓPRIO

Cíntia era uma mulher em busca do amor verdadeiro. Ela vivia em uma época onde o amor parecia ser uma contradição filosófica. Por um lado, o amor era celebrado como uma força poderosa que nos conecta uns aos outros, capaz de moldar nossas experiências e até mesmo nossa biologia cerebral. Por outro lado, o amor também era fonte de estresse e ansiedade, gerando expectativas e incertezas.

Cíntia compreendia que os relacionamentos humanos são fundamentais para a nossa existência. Ela acreditava que fomos programados para estabelecer conexões com os outros, buscando pessoas com as quais pudéssemos contar em momentos de perigo (apego), sentindo o impulso de cuidar e ser cuidado (cuidado) e experimentando a atração sexual que inicia o processo amoroso interpessoal (sexo).

No entanto, Cíntia também sabia que encontrar o amor verdadeiro não era uma tarefa fácil. Ela se via envolvida em relacionamentos superficiais, onde as conexões pareciam efêmeras e descartáveis. Ela ansiava por uma conexão profunda, onde pudesse compartilhar sua vida, seus sonhos e suas vulnerabilidades com alguém especial.

Cíntia decidiu que não se contentaria com relacionamentos vazios. Ela se dedicou a conhecer a si mesma, a entender suas próprias necessidades e desejos. Ela aprendeu a valorizar a sua própria companhia e a buscar a felicidade dentro de si mesma, antes de esperar que alguém a completasse.

TRAZENDO À TONA A VIDA: JORNADAS DE AMOR. AUTENTICIDADE E LIBERDADE

Ao longo de sua jornada, Cíntia conheceu diferentes pessoas e vivenciou diferentes tipos de relacionamento. Ela aprendeu que nem todos os relacionamentos são construídos para durar, e que nem todas as conexões são feitas para serem profundas. Ela enfrentou decepções, corações partidos e momentos de solidão, mas nunca perdeu a esperança de encontrar o amor verdadeiro.

E então, em uma tarde ensolarada, quando menos esperava, Cíntia encontrou Rodrigo. O encontro foi casual, mas houve uma conexão imediata entre eles. Eles compartilhavam interesses em comum, tinham uma sintonia natural e um desejo mútuo de construir algo significativo juntos.

Cíntia e Rodrigo embarcaram em um relacionamento baseado na confiança, no respeito e na vontade mútua de crescerem juntos. Eles entenderam que o amor verdadeiro não é uma conquista rápida, mas sim um processo contínuo de aprendizado e comprometimento.

Ao longo dos anos, Cíntia e Rodrigo enfrentaram desafios e superaram obstáculos juntos. Eles aprenderam a comunicar-se de forma aberta e honesta, a apoiar um ao outro em momentos difíceis e a celebrar as conquistas compartilhadas.

Cíntia descobriu que o verdadeiro amor não é perfeito, mas é autêntico. É um amor que valoriza a individualidade de cada pessoa, respeitando suas diferenças e incentivando seu crescimento pessoal.

A história de Cíntia nos lembra da importância de buscar conexões autênticas e significativas em nossas vidas. Ela nos ensina que o amor verdadeiro não se resume a romances de conto de fadas, mas sim a relacionamentos fundamentados na compreensão, no respeito e no comprometimento mútuo.

Cíntia encontrou o amor que tanto buscava, mas ela também descobriu que o amor não é apenas uma conquista externa. Ela aprendeu que o amor começa dentro de si mesma, ao se amar e se valorizar. E é esse amor-próprio que a capacita a compartilhar um amor verdadeiro e significativo com outra pessoa.

ALÉM DAS EXPECTATIVAS: A JORNADA DE JÚLIO EM BUSCA DA LIBERDADE E AUTENTICIDADE

Júlio era um homem que carregava consigo uma busca pela liberdade e pela autenticidade. Durante muito tempo, ele usou uma máscara de agradabilidade para se encaixar nas expectativas da sua família. Ele sentia que estava preso em um casulo, limitado pelas condições impostas por aqueles ao seu redor.

Cansado dessa prisão, Júlio decidiu que era hora de se libertar e se expressar verdadeiramente. Ele reconheceu que a sua vida era sua responsabilidade e que tinha o direito de tomar suas próprias decisões. Não queria mais viver de acordo com as expectativas alheias, mas sim conforme sua própria vontade.

Júlio revelou sua verdadeira essência. Ele gostava de tatuagens, de usar brincos, de andar de moto e de explorar a psicologia. Apreciava o aroma das flores, tinha empatia pela humanidade e nutria um interesse pelo socialismo. Valorizava a sensação de estar em casa, amava gatos e encantava-se com a beleza das rosas e das cores vibrantes. Júlio também gostava de se fantasiar e expressar sua individualidade usando uma faixa na cabeça.

No entanto, Júlio enfrentou resistência e repressão por parte daqueles ao seu redor. Ele sentia que sua família tentava controlar seu caminho e impedia que ele fosse verdadeiramente quem desejava ser. Eles o pressionavam a seguir um caminho que não o satisfazia, questionavam suas escolhas e geravam preocupações desnecessárias.

Determinado a se libertar dessas amarras, Júlio fez um apelo sincero à sua família. Ele pediu que o deixassem ser quem realmente era, que respeitassem suas escolhas e que permitissem que ele trilhasse seu próprio caminho. Ele desejava viver uma vida autêntica, em que pudesse explorar suas paixões e encontrar sua verdadeira felicidade.

Júlio sabia que essa jornada em busca da sua verdadeira identidade poderia ser desafiadora. Assim como uma borboleta que emerge do casulo e enfrenta novos perigos, ele estava disposto a encarar as dificuldades e a se fortalecer ao longo do caminho. Ele tinha um plano de voo em mente, um desejo de encontrar seu propósito e fertilizar as flores da sua própria existência.

Júlio estava determinado a voar livremente, a ser quem ele realmente era, sem restrições ou medo do julgamento alheio. Ele ansiava por uma vida em que pudesse ser autêntico e feliz consigo mesmo. E, mesmo que o caminho à sua frente não fosse fácil, Júlio estava disposto a enfrentar os desafios, confiando em sua própria capacidade de criar a vida que sempre desejou.

Esta é a história de Júlio, um homem corajoso que decidiu abraçar sua verdadeira identidade e buscar sua própria felicidade, sem se deixar limitar pelas expectativas dos outros. Ele nos ensina a importância de sermos fiéis a nós mesmos e vivermos de acordo com nossos próprios desejos e valores.

ENCONTRANDO O AMOR INTERIOR: A JORNADA DE BIANCA RUMO À AUTOCOMPAIXÃO E AO AMOR VERDADEIRO

Bianca era uma mulher que passou grande parte de sua vida construindo barreiras ao redor de seu coração. Ela tinha medo de se abrir para o amor e se protegia das possíveis dores e decepções que poderiam acompanhá-lo. Bianca acreditava que encontrar o amor estava fora de seu alcance e que a felicidade dependia de fatores externos.

No entanto, ela começou a perceber que sua busca pelo amor estava sendo direcionada de forma equivocada. Em vez de procurá-lo em outras pessoas, Bianca percebeu que o verdadeiro caminho para o amor começava dentro dela mesma. Ela se deu conta de que as barreiras que havia construído eram obstáculos que a afastavam de experimentar o amor verdadeiro e autêntico.

Determinada a romper essas barreiras internas, Bianca embarcou em uma jornada de autoaceitação. Ela começou a reconhecer e aceitar suas imperfeições, entendendo que faziam parte de sua humanidade. Ao abraçar sua própria essência, Bianca descobriu uma resiliência interior que a ajudou a enfrentar as dificuldades da vida de uma forma mais compassiva.

Bianca aprendeu a ser gentil consigo mesma nos momentos de sofrimento. Ela entendeu que, em vez de se criticar ou se culpar, era importante oferecer-se compaixão, gentileza e apoio. Essa autocompaixão se tornou um refúgio seguro em meio às dificuldades, permitindo que ela se fortalecesse e se curasse emocionalmente.

À medida que Bianca se tornava mais gentil consigo mesma, seu relacionamento com o amor começou a se transformar. Ela percebeu que o amor não era algo externo a ser buscado, mas algo que ela já tinha dentro de si. A medida que ela derrubava as barreiras internas, o amor fluía naturalmente em sua vida.

Bianca descobriu que o amor verdadeiro começa quando nos amamos e nos aceitamos incondicionalmente. Ao fazer as pazes com suas próprias imperfeições e aprender a nutrir seu próprio coração, ela encontrou uma conexão profunda consigo mesma e com os outros.

Essa nova perspectiva sobre o amor transformou a vida de Bianca. Ela se sentiu mais plena, mais autêntica e mais capaz de amar e ser amada. Ao deixar de procurar amor fora de si mesma e encontrar as respostas dentro de seu próprio ser, Bianca descobriu um amor profundo e duradouro que transcendeu qualquer expectativa ou idealização.

A história de Bianca nos ensina a importância de nos amarmos e aceitarmos antes de buscar o amor nos outros. Ela nos mostra que, ao quebrar as barreiras internas e cultivar a autocompaixão, podemos experimentar um amor verdadeiro e autêntico em nossas vidas.

AUTOCOMPAIXÃO: O CAMINHO PARA A VERDADEIRA VALORIZAÇÃO PESSOAL – A JORNADA DE ANA

Ana era uma mulher que passou grande parte de sua vida buscando a autoestima. Ela acreditava que seu valor pessoal estava ligado à sua aparência física, ao seu desempenho e à comparação com os outros. Ela sempre se esforçava para ser a melhor, buscando constantemente validação e reconhecimento externo.

No entanto, com o tempo, Ana começou a perceber que a autoestima era uma amiga inconstante. Ela percebeu que, quando estava bem-sucedida e recebendo elogios, sua autoestima estava alta. No entanto, quando enfrentava fracassos ou momentos de vulnerabilidade, a autoestima a abandonava, deixando-a se sentindo inadequada e desvalorizada.

Foi nesse momento que Ana descobriu a autocompaixão. Ela percebeu que a autocompaixão era uma maneira mais saudável e estável de se relacionar consigo mesma. Em vez de buscar validação externa, a autocompaixão a ensinou a se tratar com gentileza, aceitação e compaixão, independentemente de suas falhas e imperfeições.

Ao praticar a autocompaixão, Ana aprendeu a não se julgar tão duramente quando enfrentava desafios. Ela reconheceu que todos são imperfeitos e que o valor pessoal não está condicionado a padrões externos. A autocompaixão a ajudou a se relacionar consigo mesma de forma mais compassiva, permitindo que ela acolhesse suas emoções e experiências com gentileza e aceitação.

Comparada à autoestima, Ana descobriu que a autocompaixão era mais estável e menos contingente em condições externas. Ela não precisava ser a melhor ou atender a certos padrões para se sentir valorizada. A autocompaixão oferecia um sentimento constante de autovalorização, independentemente das circunstâncias externas.

Além disso, Ana percebeu que a autocompaixão a libertava da armadilha da comparação social e do narcisismo. Ela não precisava se comparar aos outros ou competir constantemente para se sentir bem consigo mesma. A autocompaixão permitiu que ela se aceitasse e se amasse como era, sem a necessidade de validação externa.

A história de Ana nos ensina a importância da autocompaixão como uma maneira saudável e estável de se relacionar consigo mesmo. Ela nos mostra que a autocompaixão nos permite abraçar nossa humanidade, aceitar nossas imperfeições e encontrar um senso de valor interno, independentemente das condições externas. É uma prática diária de gentileza, aceitação e amor-próprio que nos apoia em todas as situações da vida.

O PODER DA AUTOCOMPAIXÃO: TRANSFORMANDO A AUTOCRÍTICA EM CUIDADO E ACEITAÇÃO – A JORNADA DE RICARDO

Ricardo era um homem que passou grande parte de sua vida se criticando e se sentindo inadequado. Ele tinha um alto nível de autocrítica e frequentemente se atacava quando se sentia ameaçado ou inseguro. Isso resultava em altos níveis de estresse, ansiedade e até mesmo depressão.

Um dia, Ricardo descobriu a autocompaixão. Ele aprendeu que ser autocrítico e se atacar constantemente só piorava seu bem-estar emocional e físico. Em vez disso, ele começou a praticar a autocompaixão, que consistia em estender gentileza, aceitação e compaixão a si mesmo.

Ricardo percebeu que a autocompaixão era como receber conforto de um dos pais. Era reconhecer suas inseguranças e imperfeições, e tratar-se com bondade e cuidado, assim como um pai amoroso faria com seu filho. A autocompaixão permitia que ele se sentisse seguro e protegido, mesmo diante de desafios e ameaças ao seu autoconceito.

Com o tempo, Ricardo notou que a autocompaixão mudou sua resposta ao estresse. Antes, quando se sentia ameaçado, ele entrava em modo de luta, fugia dos outros ou ficava preso em pensamentos ruminantes. Agora, ao praticar a autocompaixão, ele ativava um sistema de cuidados em vez de um sistema de ameaça-defesa.

A autocompaixão trouxe mais abertura e flexibilidade para Ricardo. Ele se sentia mais seguro consigo mesmo, o que se refletia em sua resposta ao ambiente. Sua frequência cardíaca variava de forma mais saudável em resposta aos estímulos, mostrando que seu coração estava se abrindo e se tornando menos defensivo.

A história de Ricardo nos ensina a importância da autocompaixão como uma forma de lidar com nossas inseguranças e imperfeições. Ela nos mostra que, ao invés de nos atacarmos e nos criticarmos, podemos nos tratar com gentileza e cuidado. A autocompaixão nos ajuda a lidar com o estresse de forma mais saudável, nos tornando mais abertos e resilientes diante das dificuldades da vida.

TRANSFORMANDO A RESISTÊNCIA EM ACEITAÇÃO: A JORNADA DE JANAÍNA RUMO À PAZ INTERIOR

Janaína era uma mulher que passou grande parte de sua vida resistindo às experiências e sentimentos difíceis. Sempre que algo não acontecia como ela queria ou quando enfrentava desafios, ela lutava contra isso. Essa resistência só aumentava seu sofrimento, tornando as coisas ainda mais difíceis.

Um dia, Janaína descobriu a importância da aceitação e abandonou a resistência. Ela percebeu que, embora não gostasse do que estava acontecendo, resistir a isso só tornava as coisas mais difíceis. Ao aceitar a realidade e relaxar quanto ao fato de que as coisas nem sempre seriam do jeito que ela queria, ela encontrou mais paz e equilíbrio.

Janaína aprendeu que o sofrimento é inevitável na vida. Todos nós enfrentamos perdas, preocupações, desgostos e dificuldades. No entanto, o sofrimento surge quando resistimos a essas situações e desejamos que as coisas fossem diferentes. Ela entendeu que bater a cabeça contra a parede da realidade só a deixava mais frustrada.

A negação também era uma forma de resistência que Janaína reconheceu em si mesma. Ela costumava evitar ou suprimir seus sentimentos, em vez de enfrentá-los e responder com compaixão. Agora, ela estava disposta a enxergar claramente suas dificuldades e a tratar-se com gentileza e compreensão.

Quando Janaína enfrentava dificuldades, ela se concedia compaixão. Ela não fazia isso para se sentir melhor imediatamente, mas porque sabia que estava se sentindo mal. Ela aprendeu a acolher suas emoções e a cuidar de si mesma durante os momentos difíceis.

A história de Janaína nos ensina a importância de abandonar a resistência e praticar a aceitação. Ao aceitar a realidade e responder com compaixão, podemos encontrar mais paz e equilíbrio em nossa vida. Não se trata de negar a dor, mas de acolhê-la e cuidar de nós mesmos enquanto a enfrentamos.

ENFRENTANDO AS SOMBRAS: A JORNADA DE FERNANDA PARA A TRANSFORMAÇÃO E PAZ INTERIOR

Fernanda era uma mulher que conhecia o sofrimento de mãos cheias. Sua mente era um mar profundo, cheio de precipícios e marés altas que traziam à tona temores, sobressaltos e ansiedades. Ela se sentia torturada pelo pavor que emanava da obscuridade de sua própria alma.

Fernanda não percebia que sua mente era uma fabricante de fantasmas assustadores, que atormentavam seu coração. Ela se deixava levar pela mania de perseguição subjetiva, transformando em inimigo tudo aquilo a que resistia mentalmente.

A mente humana, na sua complexidade, era para Fernanda um abismo insondável de onde se originava um turbilhão de sofrimentos. Ela carregava ressentimentos no coração, enfrentava a oposição da própria mente, travava guerras internas e conflitos íntimos. Lembranças dolorosas e recordações amargas a assombravam, assim como os aspectos negativos de sua personalidade não assumidos. Feridas não cicatrizadas da vida ecoavam em seu interior, clamando por atenção e angústia.

No entanto, em meio a esse cenário de dor, Fernanda começou a questionar a realidade que ela mesma criava em sua mente. Ela se deu conta de que resistir a tudo isso só intensificava seu sofrimento. Decidiu enfrentar seus medos e acolher suas dores com compaixão.

Fernanda compreendeu que a mente poderia ser uma aliada poderosa na transformação de seu sofrimento. Ela aprendeu a acalmar as marés agitadas de pensamentos negativos e a encontrar paz dentro de si mesma. Passo a passo, mergulhou nas profundezas de sua alma e começou a curar suas feridas.

Ao invés de lutar contra seus demônios internos, Fernanda começou a aceitá-los como parte de sua jornada. Ela entendeu que as experiências dolorosas moldaram quem ela era, mas não a definiam por completo. Com coragem, enfrentou suas sombras e encontrou força para se transformar.

A história de Fernanda nos lembra que, embora a mente possa ser um lugar sombrio, também possui a capacidade de trazer luz e cura. Ao reconhecer nossos medos, dores e conflitos internos, podemos iniciar um processo de transformação e crescimento pessoal. Com autocompaixão e aceitação, podemos aprender a fluir com as marés da vida e encontrar um caminho de serenidade e autenticidade.

DESPERTANDO PARA A LIBERDADE: A JORNADA DE CARMEN EM BUSCA DA FELICIDADE INTERIOR

Carmen era uma mulher que carregava o desgosto em seu coração. Ela havia descoberto que o desgosto não era algo externo, mas sim um produto de sua própria mente. Era como uma prisão, uma escravidão em que seus pensamentos obsessivos a aprisionavam.

No entanto, Carmen percebeu que essa notícia não era amarga, mas sim uma boa notícia. Ela compreendeu que, assim como sua mente gerava angústia, também poderia gerar liberdade. Tudo estava em suas mãos, o poder de escolher entre o bem e o mal. O único desafio era despertar para essa realidade.

Carmen reconheceu que a maior parte de suas inseguranças, preocupações e sobressaltos eram resultado de sua mente obsessiva. Ela estava constantemente presa em pensamentos negativos e repetitivos, que a impediam de encontrar a paz interior.

Com determinação, Carmen decidiu despertar. Ela entendeu que o simples ato de despertar já era o primeiro passo para economizar uma grande quantidade de sofrimento. Ela estava disposta a abandonar sua mentalidade limitada e buscar a verdadeira essência da vida.

Carmen compreendeu que viver era uma arte, a arte de ser feliz. Ela acreditava que ser feliz significava superar progressivamente o sofrimento humano. Ela sabia que esse caminho não seria fácil, mas estava disposta a percorrê-lo.

Ao longo de sua jornada, Carmen aprendeu a observar seus pensamentos e emoções com mais clareza. Ela se tornou consciente de suas obsessões e trabalhou para desapegar-se delas. Gradualmente, ela descobriu que sua mente tinha o poder de criar sua própria realidade.

TRAZENDO À TONA A VIDA: JORNADAS DE AMOR, AUTENTICIDADE E LIBERDADE

Carmen encontrou maneiras de cultivar a felicidade em sua vida. Ela buscou o equilíbrio em suas emoções, praticou a gratidão e aprendeu a viver no momento presente. Ela se libertou das amarras de sua mente obsessiva e descobriu uma sensação de liberdade interior.

A história de Carmen nos lembra que somos os criadores de nossa própria realidade. Nossas mentes têm o poder de nos aprisionar ou nos libertar. Ao despertarmos para essa verdade, podemos superar o sofrimento humano e encontrar uma vida plena de felicidade.

DOMANDO OS INIMIGOS INTERIORES: A JORNADA DE LUIZ RUMO À LIBERDADE MENTAL

Luiz era um homem que se encontrava cercado por inimigos em sua própria alma. Sua mente era como uma fortaleza sitiada, onde cada pensamento negativo e cada estado de irritação alimentavam os inimigos interiores. Os defeitos de sua personalidade pareciam crescer à medida que sua agitação e ansiedade aumentavam.

Ele compreendeu que o bem e o mal não vinham de fora, mas sim de dentro de si mesmo. Dentro de sua própria mente residia a fonte de todas as bênçãos e maldições. Luiz percebeu que o segredo estava em interromper o fluxo de pensamentos indesejados, em suprimir a atividade da mente quando percebesse que ela estava ocupada com lembranças desagradáveis ou gerando pensamentos negativos.

Por meio de um treinamento rigoroso na prática da concentração mental, Luiz aprendeu a criar um vazio na alma, a deter temporariamente a atividade da mente. Ele descobriu a paz e a serenidade que existem no completo vazio mental, onde não há pensamentos nem imagens perturbadoras.

Luiz compreendeu que não havia prisão pior do que uma mente ocupada e obcecada por seus próprios complexos e lembranças dolorosas. E, ao mesmo tempo, percebeu que não havia maior felicidade do que ter a mente ocupada apenas com os pensamentos que ele queria ter. Ele percebeu que a verdadeira liberdade estava em ser o árbitro de si mesmo, dono de sua atividade interior.

Enquanto Luiz não avançava nessa direção, ele sabia que não poderia falar em liberdade. Ele compreendeu que as coisas existiam

TRAZENDO À TONA A VIDA: JORNADAS DE AMOR, AUTENTICIDADE E LIBERDADE

para ele na medida em que existiam em sua mente. Ele percebeu que esse poder central era a chave para alcançar a serenidade.

Luiz se perguntava: "Posso eliminar esses pensamentos negativos? Posso neutralizá-los? Posso mudar aquilo que tanto me incomoda? Até que ponto?" Ele entendia que, na medida do possível, tinha a obrigação de ligar seus motores internos e lutar pela sua própria libertação. Ele sabia que o impossível deveria ser deixado para trás, mas que tudo o que fosse possível ser feito deveria ser encarado com coragem e determinação.

A história de Luiz nos ensina sobre o poder da mente e a importância de assumir o controle sobre nossos pensamentos. Ele descobriu que, ao se libertar das amarras internas, poderia alcançar uma vida mais serena e plena de felicidade. Luiz nos inspira a enfrentar nossos inimigos interiores e a buscar a verdadeira liberdade dentro de nós mesmos.

PEDRAS DO CAMINHO: A JORNADA DE ANDRÉ RUMO À ACEITAÇÃO E PAZ INTERIOR

André era um jovem caminhante que se via constantemente diante de desafios em seu caminho. Ele encontrava pedras em cada esquina, representando obstáculos que o impediam de seguir adiante sem sofrimento. A cada tropeço, seus pés ficavam machucados e sangrando, e ele sentia a dor física e emocional das dificuldades.

Ao se deparar com essa realidade, André se questionava sobre o que deveria fazer com essas pedras. Ele refletia sobre a melhor abordagem a adotar diante dos obstáculos que a vida lhe apresentava. Após muito pensar, ele chegou a uma conclusão: era necessário aceitar as coisas como elas são.

André compreendeu que, por mais que tentasse, não poderia eliminar todas as pedras do seu caminho. Elas estavam lá, teimosamente presentes, esperando por ele. Então, decidiu adotar uma atitude de aceitação e calma diante das adversidades.

Em vez de ficar com raiva das pedras e permitir que a cólera o consumisse, ele decidiu ser delicado e doce com elas. Reconheceu que sua irritação só as tornaria mais ferinas, aumentando seu poder de machucá-lo. Assim, André optou por acolher as pedras com ternura e harmonia.

No entanto, ele sabia que nem sempre seria capaz de aceitar completamente esses obstáculos. Haveria momentos em que as pedras seriam pesadas demais para carregar com ternura e carinho. Nessas situações, André decidiu deixá-las para trás, no caminho, como amigas.

Ele entendia que, mesmo que não pudesse lidar com as pedras de forma ideal, poderia aprender com elas. Cada obstáculo superado representava um aprendizado e uma oportunidade de crescimento pessoal. Então, em vez de se prender ao passado e ao sofrimento causado pelas pedras, André decidiu seguir em frente, com gratidão por tudo o que aprendera ao enfrentar esses desafios.

À medida que André avançava em seu caminho, ele percebia que, com sua nova perspectiva, as pedras já não machucavam tanto. Sua aceitação e doçura diante das dificuldades tornavam-nas menos ameaçadoras. Ele encontrava equilíbrio e paz interior, independentemente das pedras que encontrava em seu percurso.

A história de André nos ensina que, embora a vida possa ser repleta de obstáculos, cabe a nós decidir como lidar com eles. Aceitar as coisas como são, adotar uma postura de serenidade e aprender com as experiências são caminhos para superar as dificuldades e encontrar a verdadeira paz interior.

ENCONTRANDO A PAZ INTERIOR: A SERENIDADE DE EDINEIA DIANTE DOS DESAFIOS DA VIDA

Edineia era uma mulher de espírito brilhante e determinado. Ela tinha uma personalidade radiante e uma energia contagiante que iluminava a vida daqueles ao seu redor. No entanto, sua jornada não estava isenta de desafios, pois ela teve que enfrentar uma doença debilitante que ameaçava sua saúde e bem-estar.

Quando Edineia recebeu o diagnóstico, muitas emoções surgiram dentro dela. Havia medo, incerteza e frustração. Mas, em meio a esses sentimentos, ela tomou uma decisão: não permitiria que a agressividade invadisse seu coração. Ela se recusou a entrar em guerra com a doença.

Edineia entendeu que, apesar de todos os avanços da ciência e da medicina, nem sempre podemos controlar ou prevenir certas circunstâncias da vida. Ela aceitou que a doença já havia acontecido e que não poderia retroceder no tempo para mudar isso. Em vez disso, ela escolheu liberar as tensões e acalmar-se.

Com uma postura tranquila, Edineia abraçou a jornada que estava à sua frente. Ela decidiu se concentrar no que podia controlar: sua atitude, suas escolhas e seu cuidado pessoal. Ela adotou um estilo de vida saudável, buscando apoio médico e implementando hábitos que promoviam seu bem-estar físico e emocional.

Em vez de lutar contra a doença, Edineia decidiu deixá-la em paz. Ela compreendeu que a agressividade não resolveria nada, apenas aumentaria sua angústia. Em vez disso, ela escolheu direcionar sua energia para o autocuidado, a aceitação e a busca pela felicidade.

Edineia encontrou força em sua serenidade. Ela aprendeu a valorizar cada momento e a apreciar as pequenas alegrias da vida. Ela se conectou com outras pessoas que passavam por situações semelhantes, encontrando conforto na solidariedade e na compreensão mútua.

Embora a doença tenha deixado sua marca em sua jornada, Edineia não permitiu que isso definisse sua vida. Ela continuou a perseguir seus sonhos, adaptando-se às suas circunstâncias e encontrando novas maneiras de alcançar suas metas.

Edineia se tornou uma fonte de inspiração para todos ao seu redor. Sua determinação e sua capacidade de encontrar paz no meio das adversidades eram exemplos poderosos de resiliência. Ela ensinou a importância de liberar a agressividade e encontrar serenidade mesmo diante dos desafios mais difíceis.

A história de Edineia nos lembra que, embora não possamos controlar todas as circunstâncias da vida, podemos escolher como responder a elas. A aceitação, a calma e o autocuidado são ferramentas poderosas para enfrentar as doenças e os obstáculos que surgem em nosso caminho. E, mesmo nas situações mais difíceis, sempre há espaço para encontrar a paz interior.

ROMPENDO AS AMARRAS INTERNAS: A JORNADA DE EDUARDO EM BUSCA DA LIBERDADE INTERIOR

Eduardo era um homem que vivia em constante luta contra suas próprias limitações. Ele sentia que estava sempre sendo vigiado, não por um soldado real, mas por suas próprias inseguranças e medos internos. Essa sensação o fazia sentir-se constantemente aprisionado, sem poder exercer sua autonomia e ser verdadeiramente dono de si mesmo.

A dispersão era uma das maiores batalhas de Eduardo. Sua mente inquieta e curiosa o levava a se perder em pensamentos e preocupações constantes. Ele encontrava dificuldades em se concentrar em uma tarefa de cada vez, sempre saltando de uma atividade para outra. A dispersão o impedia de aproveitar plenamente o momento presente e encontrar satisfação em suas realizações.

A angústia era outro inimigo que Eduardo enfrentava diariamente. Ele se sentia sufocado por uma sensação constante de desconforto e inquietação. A incerteza sobre o futuro e a insatisfação com o presente alimentavam sua angústia, tornando cada passo que ele dava um desafio emocional. Eduardo ansiava por encontrar paz interior, mas a angústia o mantinha em um estado de constante turbulência emocional.

Além disso, Eduardo lutava contra a obsessão. Ele tinha uma tendência a se apegar a pensamentos negativos e preocupações exageradas. Suas obsessões o aprisionavam em um ciclo interminável de pensamentos intrusivos e repetitivos, roubando sua tranquilidade e afetando sua capacidade de desfrutar plenamente da vida.

Essas três forças – a dispersão, a angústia e a obsessão – dançavam em uma mesma corda, mantendo Eduardo em constante luta interna.

TRAZENDO À TONA A VIDA: JORNADAS DE AMOR. AUTENTICIDADE E LIBERDADE

Ele sabia que precisava encontrar uma maneira de romper esse ciclo e recuperar sua liberdade.

Determinado a mudar sua situação, Eduardo embarcou em uma jornada de autoconhecimento e autotransformação. Ele começou a explorar técnicas de meditação e *mindfulness*, buscando trazer clareza e foco à sua mente dispersa. Com o tempo, ele aprendeu a acalmar sua mente e a direcionar sua atenção para o presente, encontrando um equilíbrio interior que antes lhe escapava.

Para combater a angústia, Eduardo começou a praticar a aceitação e o desapego. Ele percebeu que nem tudo estava sob seu controle e que se preocupar excessivamente com o futuro só aumentava seu sofrimento. Ao aceitar as incertezas da vida e se concentrar em encontrar alegria nos pequenos momentos, Eduardo gradualmente encontrou alívio em sua angústia.

Quanto à obsessão, Eduardo aprendeu a questionar e desafiar seus pensamentos intrusivos. Ele buscou ajuda profissional e desenvolveu estratégias para redirecionar sua mente e interromper os padrões obsessivos. Com o tempo, ele encontrou a liberdade de não ser mais refém de seus pensamentos negativos, permitindo que sua mente se tornasse mais clara e tranquila.

A história de Eduardo nos ensina que, embora a dispersão, a angústia e a obsessão possam dançar em uma mesma corda, nós temos o poder de interromper essa dança. Ao buscar o autoconhecimento, praticar a atenção plena e desafiar pensamentos negativos, podemos encontrar a liberdade e a autenticidade que tanto desejamos. Eduardo encontrou um caminho para ser verdadeiramente autônomo e dono de si mesmo, rompendo as amarras que o aprisionavam e descobrindo uma nova forma de viver.

ENCONTRANDO A SERENIDADE INTERIOR: A JORNADA DE OSVALDO PARA ROMPER O CICLO DAS OBSESSÕES

Osvaldo era um homem que vivia preso em um ciclo vicioso de obsessões. Sua vida agitada e cheia de grandes responsabilidades o levava a um ambiente hostil e dominador. Essas circunstâncias externas contribuíam para a desintegração de sua unidade interna, resultando em uma perda significativa de energia.

Consequentemente, seu cérebro acelerava a produção de energias para acompanhar essa demanda constante, levando a um cansaço cerebral. Esse cansaço rapidamente se transformava em um cansaço mental, levando à fraqueza mental. Essa fraqueza significava que Osvaldo se tornava vulnerável a todos os estímulos externos e internos, sendo dominado por eles.

Osvaldo percebeu que as obsessões e preocupações que o atormentavam eram resultado desse ciclo vicioso. Ele compreendeu que a vida agitada, as responsabilidades esmagadoras e o ambiente hostil estavam contribuindo para sua perda de energia e enfraquecimento mental. Ele sabia que algo precisava mudar.

Determinado a encontrar serenidade e paz interior, Osvaldo decidiu declarar guerra aos seus sonhos e ilusões. Ele compreendeu que a realidade nem sempre seria como ele imaginava e que o desejo de vencer nem sempre se concretizaria. Ele aceitou que seu sucesso profissional e sua felicidade conjugal poderiam falhar, e que nem sempre seria aceito pela sociedade ao seu redor. Ele entendeu que haveria inimigos e que nem sempre seria por sua culpa.

TRAZENDO À TONA A VIDA: JORNADAS DE AMOR, AUTENTICIDADE E LIBERDADE

Aceitando tudo isso serenamente, Osvaldo percebeu que suas energias não se queimariam inutilmente. Ele compreendeu que a mudança completa era difícil, mas que poderia buscar melhorias em si mesmo. Ele sabia que não poderia mudar as pessoas, mas poderia melhorar a si mesmo.

Com esse novo entendimento, Osvaldo embarcou em uma jornada de autoaceitação e autodesenvolvimento. Ele aprendeu a desligar a atenção das preocupações desnecessárias e a direcioná-la para o momento presente. Ele buscava a objetividade em suas ações e a serenidade em suas emoções.

Ao longo de sua jornada, Osvaldo percebeu que a vida não precisava ser governada por obsessões e preocupações constantes. Ele aprendeu a valorizar o presente, a abraçar a realidade e a encontrar alegria nas pequenas coisas da vida. Ele descobriu que, ao aceitar suas limitações e as incertezas do mundo, podia direcionar sua energia para o que realmente importava.

Osvaldo percebeu que a mudança completa pode ser difícil, mas que o caminho para a melhoria pessoal e a serenidade começa com a aceitação e o reconhecimento de quem somos e do mundo ao nosso redor. Ele encontrou uma nova perspectiva e uma nova maneira de viver, onde a serenidade substituiu a obsessão e a paz interior substituiu a agitação mental.

A história de Osvaldo nos lembra que, embora não possamos mudar todas as circunstâncias da vida, podemos mudar nossa atitude e nossa percepção em relação a elas. Ao aceitar as limitações e buscar a serenidade, podemos encontrar um equilíbrio interno que nos permite viver uma vida mais plena e satisfatória.

DESAPEGO E GRATIDÃO: A JORNADA DE BRUNO PARA VIVER PLENAMENTE

Bruno era um homem que aprendeu a viver com desapego e gratidão. Ele compreendeu que a verdadeira essência da vida residia em se conectar com a corrente vital que permeava tudo ao seu redor. Ele não apenas existia, mas mergulhava de cabeça na experiência de viver.

Para Bruno, viver significava participar ativamente do curso do mundo, reconhecendo o valor intrínseco de todas as criaturas e eventos. Ele olhava com veneração para a natureza e tratava tudo com ternura. Sentia uma profunda gratidão e reverência por tudo o que existia.

Ele entendia que a vida era uma sucessão de estações, cada uma com sua própria beleza e propósito. No inverno, o vale se cobria de neve, trazendo uma quietude e serenidade que ele acolhia com alegria. Na primavera, o florescer das plantas trazia cores vivas e renovação. Bruno se maravilhava com a vitalidade da natureza. No outono, a generosidade da terra se manifestava nos frutos que se ofereciam em abundância, alimentando e nutrindo.

No entanto, Bruno também compreendia que nem tudo na vida era um mar de rosas. Ele sabia que, na época dos degelos, o rio transbordava e inundava os vales. Nesses momentos, a força avassaladora da água arrastava consigo moradias, animais e, às vezes, vidas humanas para a morte. Essa era a lei da natureza, implacável e indiferente.

Diante dessas adversidades, Bruno mantinha a serenidade e o entendimento de que tudo fazia parte de um ciclo maior. Ele aceitava que a vida continha tanto alegrias quanto tristezas, e que cada uma tinha seu propósito. Ele não se rendia ao desespero diante das perdas, mas encontrava força em sua conexão com a grande corrente da vida.

TRAZENDO À TONA A VIDA: JORNADAS DE AMOR, AUTENTICIDADE E LIBERDADE

Bruno entendia que, assim como a natureza se renovava após as tempestades, ele também podia se reconstruir e encontrar a paz interior mesmo em meio às adversidades. Ele aprendeu a adaptar-se, a fluir com a correnteza, sem resistir ao inevitável. Em vez disso, ele abraçava o momento presente e encontrava alegria nas pequenas coisas que ainda estavam intactas.

A história de Bruno nos lembra da importância de viver com desprendimento e gratidão, apreciando cada momento e aceitando os altos e baixos da vida. Ela nos ensina a encontrar força e serenidade mesmo diante das dificuldades, sabendo que, no fim das contas, tudo está bem e faz parte do grande espetáculo da existência.

EM BUSCA DO MOVIMENTO E EVOLUÇÃO: A JORNADA INSPIRADORA DE CAROL

Carol era uma mulher determinada a viver uma vida cheia de movimento e evolução. Ela entendia que se manter na zona de conforto não traria crescimento, e estava disposta a enfrentar os desafios que a vida lhe apresentava.

Ela compreendia que para descobrir quem realmente era, precisava se abrir para a vida e abandonar o medo de amar e de sentir dor. Carol acreditava que o casamento e a fusão de duas vidas poderiam potencializar as forças mais profundas de cada pessoa, levando a uma alegria indescritível. Ela sabia que o amor era uma experiência valiosa e que valia a pena se arriscar por ele.

Carol se movimentava em diferentes direções para buscar o crescimento pessoal. No primeiro movimento, ela buscava ser uma líder responsável, assumindo a autorresponsabilidade por suas ações e escolhas. Ela se questionava: "Qual é a minha parte nisso de que eu me queixo?". Reconhecia que precisava ser ativa e consciente em sua jornada.

No segundo movimento, Carol buscava constantemente a evolução. Ela compreendia que a vida não era estática, mas sim um processo contínuo de aprendizado e crescimento. Ela se desafiava a sair de sua zona de conforto, a explorar novas habilidades e a buscar novas experiências.

Carol entendia que a vida nem sempre seguia o curso que planejamos. Às vezes, ela nos surpreende e nos quebra, mas era nesses momentos que uma nova vida podia começar. Ela estava disposta a enfrentar as adversidades com coragem e resiliência.

TRAZENDO À TONA A VIDA: JORNADAS DE AMOR. AUTENTICIDADE E LIBERDADE

No quarto movimento, Carol entendia a importância da seleção cuidadosa das pessoas com as quais ela se cercava. Ela buscava se rodear de "craques", pessoas inspiradoras, positivas e motivadas, que a ajudavam a crescer e se desenvolver.

Por fim, Carol compreendia que o autoconhecimento era a chave para sua verdadeira fortuna. Ela buscava a educação continuada, não apenas em termos acadêmicos, mas também em relação a si mesma. Ela mergulhava fundo em seu próprio ser, explorando suas emoções, desejos e limitações, a fim de se tornar a melhor versão de si mesma.

A história de Carol nos inspira a abraçar a vida com coragem, a buscar o crescimento pessoal e a valorizar o autoconhecimento. Ela nos lembra que a vida é um constante movimento, e que é por meio desse movimento que podemos encontrar a verdadeira felicidade e realização.

TRANSFORMANDO A VERGONHA EM AUTOCOMPAIXÃO: A JORNADA LIBERTADORA DE LUIZA

Luiza era uma mulher que havia aprendido uma valiosa lição: esconder a vergonha só a mantém viva. Ela compreendia que a vergonha era uma emoção humana comum, mas também sabia que lidar com ela de maneira saudável era fundamental para seu bem-estar emocional.

Luiza percebeu que, ao se relacionar com seus erros e fracassos com bondade, em vez de se criticar severamente, ela conseguia transformar a vergonha em autocompaixão. Em vez de se sentir isolada pelos seus erros, ela se lembrava de que todos os seres humanos cometem erros e enfrentam desafios. Essa consciência de sua humanidade compartilhada a libertava do peso da vergonha.

Ela também compreendia a importância de reconhecer e estar consciente de suas emoções negativas, como a vergonha. Em vez de se identificar com a vergonha, ela a encarava como uma emoção passageira, sabendo que não definia quem ela era como pessoa. Ela se permitia sentir-se mal, mas não permitia que essa emoção a dominasse e a definisse como alguém "mau".

Luiza encontrou uma maneira poderosa de lidar com a vergonha: acolhendo-a em sua vida. Ela não a reprimia ou a escondia, mas a enfrentava de frente. Ela se permitia vivenciar a vergonha com uma presença amorosa e conectada consigo mesma. Ao fazer isso, ela se tornava inteira novamente.

TRAZENDO À TONA A VIDA: JORNADAS DE AMOR. AUTENTICIDADE E LIBERDADE

Essa abordagem compassiva em relação à vergonha permitiu que Luiza se libertasse das amarras que a mantinham presa. Ela aprendeu a aceitar sua vulnerabilidade e a abraçar todas as suas experiências, incluindo a vergonha. Ao fazer isso, ela construiu uma base sólida de autocompaixão e se tornou mais resiliente diante das dificuldades da vida.

A história de Luiza nos ensina a importância de enfrentar a vergonha com compaixão e aceitação. Ela nos lembra que todos nós cometemos erros e enfrentamos momentos difíceis, mas é por meio da autocompaixão e da conexão com nossa humanidade compartilhada que podemos nos curar e nos tornar inteiros novamente.

CULTIVANDO CONEXÕES: O PODER DA AUTOCOMPAIXÃO NOS RELACIONAMENTOS

Lídia era uma mulher que entendia a importância da autocompaixão nos relacionamentos. Ela percebeu que uma grande parte do sofrimento que vivenciamos em nossas relações interpessoais é desnecessária e pode ser evitada com o cultivo de um relacionamento amoroso com nós mesmos.

Lídia compreendia que existem diferentes tipos de dor nos relacionamentos. Um deles é a dor da conexão, que surge quando as pessoas que nos importam estão sofrendo. Ela reconhecia que, ao se preocupar com o bem-estar dos outros, poderia sentir empatia por suas dificuldades. No entanto, Lídia também sabia que não podia carregar o peso do sofrimento dos outros sozinha. Ela se permitia ser uma fonte de apoio e cuidado, mas também entendia que cada indivíduo é responsável por seu próprio caminho de cura.

Além disso, Lídia compreendia a dor da desconexão. Ela entendia que, em algumas ocasiões, poderia experimentar perda, rejeição ou se sentir magoada, com raiva ou sozinha. No entanto, em vez de se afundar na tristeza ou na raiva, ela optava por cultivar a autocompaixão. Lídia entendia que esses sentimentos eram naturais e que todos passam por momentos de desconexão em relacionamentos. Ela não se culpava ou se menosprezava, mas sim buscava compreender e acolher suas próprias emoções com gentileza.

A autocompaixão permitia a Lídia cuidar de si mesma durante os desafios nos relacionamentos. Ela se permitia sentir o que precisava sentir, mas não se deixava afundar na dor. Em vez disso, ela buscava maneiras saudáveis de se conectar consigo mesma, buscando atividades que a fizessem sentir-se bem, buscando apoio emocional e priorizando sua própria saúde mental e bem-estar.

TRAZENDO À TONA A VIDA: JORNADAS DE AMOR. AUTENTICIDADE E LIBERDADE

Ao cultivar uma relação amorosa consigo mesma, Lídia descobriu que estava mais preparada para enfrentar os desafios que surgiam nos relacionamentos. Ela entendia que não podia controlar as ações ou emoções dos outros, mas tinha o poder de cuidar de si mesma. Isso não apenas a ajudava a ser mais resiliente, mas também permitia que ela cultivasse relacionamentos mais saudáveis e empáticos com os outros.

A história de Lídia nos ensina a importância da autocompaixão nos relacionamentos. Ela nos lembra que, ao cultivarmos um relacionamento amoroso com nós mesmos, estamos fortalecendo nossa capacidade de lidar com as dores da conexão e da desconexão. A partir da autocompaixão, podemos construir relações mais saudáveis e significativas, tanto conosco quanto com os outros.

O PODER CURATIVO DO PERDÃO: ENCONTRANDO A PAZ INTERIOR E A COMPAIXÃO

Marina era uma mulher que compreendia a importância do perdão em sua vida. Ela sabia que, quando alguém a prejudicava e sentimentos de raiva e amargura surgiam dentro dela, a coisa mais compassiva que poderia fazer era perdoar.

Marina entendia que o perdão não significava desculpar um mau comportamento. Ela acreditava que, antes de perdoar, era necessário interromper o mau comportamento e reconhecer e assumir a responsabilidade pelo dano causado. Ela entendia que o perdão não negava a importância das ações e suas consequências, mas sim permitia que ela encontrasse um caminho para curar e seguir em frente.

No processo de perdão, Marina sabia que era fundamental abrir-se para a dor que tinha sido causada, tanto a ela quanto por ela. Ela se permitia estar presente com o sofrimento, reconhecendo a magnitude do que havia acontecido. Ela praticava a autocompaixão, permitindo que seu coração se derretesse em solidariedade pela dor, independentemente de quem a causou. Marina compreendia que, como ser humano, era imperfeita e propensa a erros, e que não havia razão para não se perdoar.

Marina também tinha sabedoria em seu processo de perdão. Ela começava a reconhecer que a situação não era inteiramente pessoal, mas uma consequência de muitas causas e condições interdependentes. Ela compreendia que todos estão sujeitos a influências externas e internas que podem afetar suas ações. Essa perspectiva mais ampla permitia que ela se distanciasse da carga pessoal e encontrasse espaço para o perdão.

Ao ter a intenção de perdoar, Marina se comprometia a deixar ir a raiva e a amargura que a prendiam. Ela reconhecia que o perdão era um processo contínuo, que exigia esforço e prática. Marina também se responsabilizava por se preservar e cuidar de si mesma durante o processo de perdão. Ela compreendia que perdoar não significava se submeter novamente a situações prejudiciais, mas sim estabelecer limites saudáveis e proteger sua própria paz e bem-estar.

A história de Marina nos ensina sobre a importância do perdão em nossas vidas. Ela nos lembra que o perdão não é um ato de desculpar ações prejudiciais, mas sim um processo de cura e liberação. Ao nos abrir para a dor, praticar autocompaixão, ter sabedoria, intenção e responsabilidade, podemos encontrar a paz interior e seguir em frente com amor e compaixão em nossos corações.

O PODER DA SIMPLICIDADE: A PRECIOSA ALEGRIA NOS PEQUENOS GESTOS

Lurdes era uma senhora que todos conheciam no conjunto residencial. Três vezes por semana, ela percorria as ruas empurrando seu carrinho, recolhendo papéis, latas e vidros para vender para reciclagem. Independentemente do clima, ela estava sempre lá, nunca zangada.

Quando as pessoas perguntavam a ela se conseguia sustentar a família daquela forma, Lurdes respondia com gratidão: "Sim, graças a Deus". Ela contava que sua filha estava casada e tinham um bebê, mas enfrentavam dificuldades para suprir todas as necessidades da criança. Por isso, ela ajudava o casal. Além disso, Lurdes tinha um filho de oito anos que estava na escola.

As pessoas do conjunto residencial se habituaram a separar os materiais recicláveis para Lurdes, facilitando seu trabalho. Ela chegava e ia recolhendo tudo, agradecendo sempre por receber o "lixo" deles. Um dia, decidiram oferecer algo a mais para ela. Deram a Lurdes uma bandeja com quatro copos de iogurte, que suas crianças já estavam cansadas de consumir. Tinham mudado de marca, comprado sabores diferentes para variar.

O rosto de Lurdes se iluminou ao receber aquele presente. Ela agradeceu e disse que seu filho ficaria muito feliz com aquilo. No dia seguinte, ela contou como seu menino estava radiante ao tomar um iogurte por dia, como se fosse uma sobremesa especial, uma recompensa.

Enquanto isso, as crianças daquele conjunto residencial, acostumadas a terem sempre as mesmas coisas, desejavam algo diferente. Eram crianças que viviam em fartura, mas que, cansadas da rotina, buscavam algo novo. Porém, alguns dias depois, por ser feriado, o filho de Lurdes acompanhou a mãe em suas andanças.

Ao ver as pessoas que lhe deram os iogurtes no portão, o garoto apontou animado: "Foi aquela dona que nos deu os iogurtes, mãe?". Ao receber a confirmação, ele correu em direção a eles, agradecendo e expressando sua felicidade. Para ele, aqueles quatro dias de iogurte representaram uma imensa alegria.

"Eu tomei devagarinho", disse o menino, "para sentir bem o gosto e não esquecer por muito tempo. Agradeço demais". Aquela simples oferta de iogurtes se transformou em algo especial e memorável para ele, enchendo seu coração de gratidão.

A BUSCA PELA PERFEIÇÃO: A LIÇÃO PRECIOSA DA VALORIZAÇÃO DAS CONEXÕES HUMANAS

Dona Rosa era uma mulher impetuosa, caprichosa e meticulosa. Ela gostava que tudo estivesse perfeito, do seu jeito. Desde a arrumação da casa até a organização dos livros em sua biblioteca, Dona Rosa exigia que tudo estivesse impecável. Nada escapava de seu olhar crítico e nada era suficientemente bom para ela.

Ela passava horas ordenando, alinhando e ajustando cada detalhe, buscando a perfeição. Se alguém ousasse mexer em suas coisas, era motivo para uma grande discussão. Dona Rosa tinha dificuldade em aceitar que as pessoas fizessem as coisas de forma diferente ou não atingissem seu alto padrão de organização.

No entanto, a vida reservou para Dona Rosa uma série de perdas dolorosas. Sua irmã partiu em um acidente de carro, seguida pela partida de seu irmão e sua mãe. Com cada perda, o coração de Dona Rosa se despedaçava um pouco mais.

Na solidão de sua casa vazia, Dona Rosa começou a questionar o valor de ter tudo em ordem. Ela percebeu que daria tudo para ter seus entes queridos de volta, mesmo que isso significasse que eles bagunçassem seus livros, suas coisas e até seu armário impecável. O vazio deixado pelas ausências revelou a ela a verdadeira importância das pessoas em sua vida.

Gradualmente, Dona Rosa começou a mudar sua perspectiva. Ela percebeu que o mais importante era ter uma casa onde as pessoas se sentissem bem-vindas e à vontade, onde pudessem viver sem serem sufocadas pela necessidade de perfeição.

Ela passou a valorizar a presença de seus sobrinhos, permitindo que eles brincassem e se divertissem em sua casa. Sentava-se com eles no chão, folheava livros, contava histórias e desfrutava de momentos especiais com as crianças. O prazer de compartilhar esses momentos superou a necessidade de ter tudo impecavelmente arrumado.

Dona Rosa aprendeu a aceitar o trabalho alheio e agradecer pelas contribuições dos outros. Ela percebeu que as horas dedicadas a encerar, limpar e lustrar poderiam ser mais bem aproveitadas ao lado de seus entes queridos, desfrutando de sua companhia e criando memórias preciosas juntos.

A vida ensinou Dona Rosa da forma mais dolorosa possível, por meio das perdas que sofreu. Ela reconhece que poderia ter sido muito mais feliz se tivesse aprendido essas lições mais cedo, sem precisar passar por tantas perdas. Ainda assim, ela agradece a Deus por ter acordado a tempo de desfrutar de muitas alegrias em sua vida.

Dona Rosa espera sinceramente que ninguém precise passar por tantas perdas para aprender essas lições valiosas. Ela deseja que as pessoas possam aprender a valorizar o que realmente importa desde cedo e encontrar a verdadeira felicidade nas conexões humanas e nas experiências compartilhadas.

A FORÇA TRANSFORMADORA DAS PEQUENAS AÇÕES: O PODER DE FAZER A DIFERENÇA NO COTIDIANO

Dona Maria era uma mulher de idade que carregava uma responsabilidade imensa. Ela era a única provedora da família, tendo que sustentar não apenas a si mesma, mas também seu pai, mãe e irmão, todos eles inválidos e dependentes dela. Sua vida era uma constante batalha para suprir as necessidades de todos e, por causa disso, ela nunca tinha tempo, energia ou dinheiro para si mesma.

Maria sempre teve o desejo de ajudar os outros e se voluntariar em um centro para pessoas em situação vulnerável. No entanto, sua própria situação familiar a impedia de realizar esse desejo. Ela se sentia presa e limitada, sufocada pelas demandas de sua família.

Um dia, em meio às suas frustrações, Maria teve um *insight* poderoso. Ela percebeu que, na verdade, estava ajudando pessoas todos os dias, mas de uma forma diferente. Cuidar de sua filha e sustentar seus familiares inválidos era uma maneira de agir no mundo, de mudar e melhorar a vida daqueles que dependiam dela.

Embora Maria ainda se sentisse oprimida e limitada por sua situação familiar, ela ressignificou sua própria narrativa. Ela reconheceu que, dentro das circunstâncias atuais, cuidar de sua família era uma forma importante de agir no mundo. Ela encontrou significado e propósito em suas responsabilidades diárias.

Maria também aprendeu a filtrar as opiniões e expectativas dos outros. Ela percebeu que não podia agradar a todos, mas podia escolher com quais pessoas se importar. Ela priorizou seu círculo íntimo, as pessoas que realmente entendiam sua situação e a apoiavam.

TRAZENDO À TONA A VIDA: JORNADAS DE AMOR. AUTENTICIDADE E LIBERDADE

Essa mudança de perspectiva trouxe um senso renovado de propósito e realização para Maria. Ela ainda enfrentava desafios diários, mas agora compreendia que mudar o mundo nem sempre significa realizar grandes feitos externos. Às vezes, é nas tarefas cotidianas, como lavar a louça, que encontramos a oportunidade de fazer a diferença.

Dona Maria continuou a desempenhar seu papel com dedicação, amor e cuidado. Ela sabia que sua contribuição era valiosa e que, mesmo dentro de suas limitações, estava fazendo a diferença na vida de sua família. Sua história nos lembra que cada um de nós tem o poder de criar impacto, mesmo nas tarefas aparentemente simples da vida.

ALÉM DA INSENSIBILIDADE: RECONSTRUINDO A EMPATIA E A HUMANIDADE NAS GRANDES CIDADES

Jéssica era uma jovem que deixou sua cidade natal, Galvão, para morar em Curitiba. Ao chegar na grande cidade, ela se deparou com uma realidade desconhecida para ela: a população em situação de rua ocupando as calçadas. Essa visão a impactou profundamente e despertou um sentimento de compaixão e sensibilidade.

Inicialmente, Jéssica sentia um amor intenso por cada pessoa em situação de rua que cruzava seu caminho. A mera presença de uma criança nessa situação era o suficiente para levá-la às lágrimas. Ela sentia uma profunda empatia e desejava ajudar de todas as formas possíveis.

No entanto, com o passar do tempo, Jéssica percebeu que, para não enlouquecer diante da realidade que a cercava, precisava criar uma couraça de insensibilidade social, assim como muitos moradores de grandes cidades já possuíam. Ela compreendeu que essa insensibilidade era uma espécie de autodefesa, uma forma de conseguir seguir adiante como ser humano.

Ela observou que a sociedade tende a treinar sua atenção para não enxergar as pessoas em situação de miséria. E, caso as enxergue, é comum não dar importância ou racionalizar que não há nada que possamos fazer para ajudar. Essa educação do olhar é uma estratégia para evitar o desespero e a paralisia diante do horror da desigualdade e da pobreza.

Jéssica percebeu que essa falta de atenção e sensibilidade não se limitava apenas às pessoas em situação de rua. No cotidiano agitado das grandes cidades, nos deparamos com dezenas, centenas e até milhares

TRAZENDO À TONA A VIDA: JORNADAS DE AMOR. AUTENTICIDADE E LIBERDADE

de pessoas diariamente, e é impossível considerá-las individualmente. Não apenas deixamos de olhá-las, mas também deixamos de enxergá-las como seres humanos com uma vida interior rica e complexa, assim como a nossa.

Ela refletiu sobre como nossa vida cotidiana se tornaria inviável se parássemos para considerar a singularidade e a riqueza de cada pessoa ao nosso redor. Desde aquelas que desfrutam de uma refeição em um shopping até aquelas que procuram por restos de comida em um lixão. Todos têm uma história, sonhos, aspirações e a capacidade de apreciar a beleza do mundo.

A história de Jéssica nos convida a refletir sobre nossa própria insensibilidade e a educação do olhar que desenvolvemos. Ela nos mostra a importância de resgatar nossa empatia e humanidade, reconhecendo a individualidade e o valor de cada ser humano que encontramos em nosso caminho. E nos desafia a encontrar formas concretas de contribuir para um mundo mais justo e solidário, onde todos tenham suas necessidades básicas atendidas e sejam tratados com dignidade.

DESCOBRINDO A PLENITUDE DA DIVERSIDADE: UM OLHAR ALÉM DOS PRECONCEITOS

Guilherme era um homem comum, levando sua vida diária como muitos outros. Ele tinha seus próprios julgamentos e preconceitos, como todos nós. Um dia, enquanto estava em um bar, ele viu um homem que ele considerou ridículo passando pela rua. Ele o observou com desprezo, notando todos os detalhes que o tornavam diferente e fora do padrão.

No entanto, em um momento de clareza, Guilherme teve uma revelação impactante. Ele percebeu que, apesar de considerar aquele homem ridículo, para outras pessoas, ele poderia ser amado e importante. Guilherme compreendeu que cada pessoa tem sua própria história, sua própria jornada e um lugar especial no coração de alguém.

Aquele homem, mesmo que fosse visto por Guilherme apenas por alguns segundos, era uma pessoa completa. Ele tinha sentimentos, vivências e uma importância única em sua própria vida. Guilherme percebeu que cada indivíduo é uma pessoa plena, com suas próprias perspectivas e experiências.

Essa consciência ampliou-se quando Guilherme notou a diversidade das pessoas ao seu redor. Havia uma adolescente patinadora, freiras, um homem afrodescendente com seu cachorro e um gari cantarolante. Cada um deles era protagonista de sua própria vida, não meros figurantes no filme de Guilherme.

Essa revelação transformou a visão que Guilherme tinha de si mesmo. Ele percebeu que o verdadeiro ridículo estava em seu próprio

TRAZENDO À TONA A VIDA: JORNADAS DE AMOR. AUTENTICIDADE E LIBERDADE

julgamento e preconceito. Ele era o único a limitar-se, a não reconhecer a plenitude e importância de cada pessoa que cruzava seu caminho.

A partir desse momento, Guilherme decidiu questionar seus julgamentos e abraçar a diversidade e a individualidade de cada ser humano. Ele aprendeu a ver além das aparências e a valorizar a singularidade de cada pessoa.

A história de Guilherme nos lembra que todos somos seres humanos com valor intrínseco, independentemente de nossa aparência, origem ou circunstâncias. Ela nos convida a olhar além de nossos próprios preconceitos e reconhecer a plenitude e importância de cada pessoa que encontramos em nossa jornada.

O PODER DA OBSERVAÇÃO: LIBERANDO-SE DO CONTROLE DAS EMOÇÕES

Vagner era um homem com uma personalidade intensa e uma tendência a se deixar levar por suas emoções. Ele vivia uma vida repleta de altos e baixos, muitas vezes sendo dominado por sentimentos de raiva, ciúme, vaidade e ansiedade. Essas emoções o consumiam, levando-o a agir impulsivamente e causando estragos em seus relacionamentos e bem-estar.

Um dia, Vagner teve um encontro que mudou sua perspectiva. Ele aprendeu que suas emoções eram como incêndios florestais: se não fossem alimentadas, se extinguiriam por si mesmas. Essa ideia o intrigou e despertou um desejo de encontrar uma maneira de lidar com suas emoções de forma mais saudável.

Ele percebeu que estar presente e consciente do momento presente era essencial. Não se tratava de esvaziar a mente de pensamentos, pois isso era impossível. Tentar não pensar em algo só o fazia pensar nisso ainda mais. Em vez disso, ele aprendeu a observar seus pensamentos, emoções e impulsos sem se apegar a eles.

Vagner compreendeu que todas as emoções eram impermanentes por natureza. Assim como uma coceira que passa ou um incêndio que se consome, seus pensamentos e emoções também desapareceriam se não lhes desse atenção e energia. Ele percebeu que não precisava se identificar com suas emoções, mas sim observá-las como observador, reconhecendo que elas não eram ele, mas sim experiências passageiras.

Ao observar desapaixonadamente suas emoções, Vagner quebrou sua identificação com elas. Ele não era mais dominado pela raiva, pelo ciúme ou pela vaidade. Em vez disso, ele se tornou alguém capaz de observar essas emoções dentro de si mesmo e pensar: "Olha, estou experimentando ciúme neste momento. É interessante ver como isso se manifesta em mim."

Essa nova perspectiva permitiu que Vagner tomasse decisões conscientes sobre como lidar com suas emoções. Ele percebeu que suas emoções não o controlavam, mas sim eram apenas sensações e sentimentos passageiros. Ele podia escolher como reagir a elas e não se deixar levar por impulsos destrutivos.

Vagner aprendeu a aplicar essa abordagem observadora não apenas às suas emoções, mas também aos seus pensamentos e impulsos. Assim como ele poderia sentar em um café e observar as pessoas que passam, ele também podia se sentar e observar as sensações, pensamentos e impulsos que surgiam dentro dele. Ele não precisava se envolver com eles ou reagir automaticamente. Era como se estivesse em uma estação de trem, observando os diferentes "trens" de emoções e pensamentos que passavam por sua mente, escolhendo não embarcar em nenhum deles, apenas observando-os à medida que se aproximavam e se afastavam.

Vagner compreendeu que ele não era suas emoções, pensamentos ou impulsos. Esses conceitos eram como trens em movimento, e ele podia escolher não embarcar neles. Ele percebeu que não se tratava de disciplina, repressão ou autocontrole, mas sim de compreender que suas emoções se extinguiriam por si mesmas e que ele não precisava se destruir ao mesmo tempo.

Com o tempo, Vagner desenvolveu uma maior paz interior e equilíbrio emocional. Ele não era mais dominado por suas emoções, mas sim capaz de observá-las com compaixão e gentileza. Ele aprendeu a escolher conscientemente qual "lobo" alimentar: o da positividade, do amor e da compaixão, em vez do da raiva, do ciúme e da ansiedade.

A história de Vagner nos lembra que não somos definidos por nossas emoções. Podemos cultivar a consciência plena e a capacidade de observar nossos pensamentos e emoções sem nos identificarmos com eles. Essa prática nos permite escolher como responder aos desafios da vida e viver com mais serenidade e autodomínio.

ENCONTRANDO UM PROPÓSITO MAIOR: A TRANSFORMAÇÃO DE MIGUEL NA BUSCA POR UMA VIDA SIGNIFICATIVA

Esta é a história de Miguel, um homem ambicioso e arrogante que acreditava que estava destinado a algo maior do que a busca por riqueza material. Ele se via como alguém com conteúdo, alguém que não se importava apenas com dinheiro e status.

Miguel passou muitos anos desenvolvendo planos de negócios, buscando investidores e mergulhando no mundo empresarial. Ele fundou duas empresas, contratou funcionários e lutou para alcançar o sucesso financeiro. Em sua jornada, Miguel olhava ao seu redor e sentia superioridade em relação às pessoas que estavam envolvidas na mesma busca por riqueza e sucesso. Ele as considerava vazias e sem substância, preocupadas apenas com aparência e status.

No entanto, Miguel também se considerava diferente. À noite, ele buscava refúgio nos livros, especialmente nas obras de Tolstoi. Ele se convencia de que seu verdadeiro propósito era encontrar algo mais significativo e substancial na vida, algo além da riqueza material. Em sua mente, Miguel acreditava que, assim que acumulasse riqueza suficiente, poderia finalmente abandonar a mesquinhez e dedicar-se integralmente à busca por conhecimento e sabedoria.

Mas à medida que o tempo passava e Miguel se envolvia cada vez mais na busca pela riqueza, ele começou a questionar suas próprias convicções. Ele olhou para a sociedade em que vivia e percebeu a injustiça e a desigualdade predominantes. Ele viu pessoas que nunca tiveram a oportunidade de escolher a vida que desejavam levar, presas em ciclos intermináveis de trabalho árduo e falta de oportunidades.

Essa reflexão fez Miguel perceber que ele fazia parte de uma minoria privilegiada que tinha a liberdade de escolha. Ele começou a questionar sua própria arrogância e percebeu que não era melhor do que o mundo em que vivia. Ele era o que escolhia passar o dia fazendo. Ele percebeu que, ao buscar apenas a riqueza material e menosprezar aqueles que compartilhavam essa busca, ele estava se tornando exatamente aquilo que criticava.

A mudança começou dentro de Miguel. Ele decidiu repensar suas prioridades e buscar uma vida mais significativa e equilibrada. Ele abandonou sua busca frenética por riqueza e começou a se envolver mais ativamente em causas sociais. Miguel percebeu que o verdadeiro valor estava em ajudar os outros e lutar por uma sociedade mais justa e igualitária.

Com o tempo, Miguel encontrou um equilíbrio entre suas ambições pessoais e suas convicções sociais. Ele descobriu que podia alcançar o sucesso financeiro sem perder de vista a importância de contribuir para o bem-estar dos outros. Ele se tornou um empreendedor social, usando seus recursos e conhecimentos para criar negócios que beneficiavam tanto a ele quanto à comunidade.

Miguel aprendeu que não se trata apenas de acumular riqueza ou de ler livros sofisticados. Trata-se de usar suas habilidades e privilégios para causar um impacto positivo na vida das pessoas ao seu redor. Ele percebeu que o verdadeiro valor da vida não está na busca pelo próprio sucesso, mas sim na busca pelo bem comum.

Assim, Miguel encontrou um propósito maior para sua vida. Ele não era mais o homem arrogante que buscava apenas riqueza material e desprezava aqueles que faziam o mesmo. Ele se tornou alguém que reconhecia a importância de seu papel na sociedade e trabalhava para fazer a diferença.

A história de Miguel é um lembrete de que não devemos nos considerar superiores às pessoas ao nosso redor. Devemos buscar uma vida significativa e equilibrada, valorizando não apenas nosso próprio sucesso, mas também o bem-estar dos outros. Somente assim poderemos verdadeiramente contribuir para a construção de um mundo melhor.

O PODER TRANSFORMADOR DO FRACASSO: A JORNADA DE LAURA EM BUSCA DE SABEDORIA E CRESCIMENTO

Esta é a história de Laura, uma mulher que descobriu a importância do fracasso e das dificuldades em sua jornada pela vida. Ela questiona o sucesso em um mundo cruel, reconhecendo que muitas vezes ele está relacionado à própria crueldade.

Laura percebe que, quando o jogo consiste em pisar nas pessoas para alcançar o sucesso, o fato de estar ganhando significa que ela também se tornou hábil em machucar os outros. No entanto, ela reconhece a dificuldade de abandonar esse jogo voluntariamente, mesmo quando está ganhando. É difícil abrir mão do que lhe traz riqueza e status, mesmo que seja às custas dos outros.

Ela menciona Darcy Ribeiro, um antropólogo que considerava seus fracassos como suas vitórias. Ribeiro acreditava que a derrota o tornava mais digno de respeito do que aqueles que o haviam vencido. Laura também menciona Eric Hobsbawm, um historiador que se dedicou a um projeto que considerava fracassado, mas que encontrava no fracasso a oportunidade de reflexão e aprendizado.

A vida de Laura não foi marcada pelo sucesso contínuo. Sua família perdeu sua riqueza, sua *startup* falhou e sua consultoria não prosperou. Sem meios de subsistência em seu próprio país, ela se mudou para o exterior, onde recebeu uma bolsa de estudos. No entanto, mesmo lá, enfrentou grandes adversidades, como furacões e desastres naturais, tornando-se uma refugiada climática e dependendo da caridade de estranhos.

TRAZENDO À TONA A VIDA: JORNADAS DE AMOR, AUTENTICIDADE E LIBERDADE

Foi nesse momento de dificuldade e fracasso que Laura começou a aprender, embora de forma lenta e gradual. Ela percebeu que os desafios e as derrotas trazem consigo valiosas lições. Ao enfrentar situações adversas, ela desenvolveu uma maior capacidade de aprendizado e reflexão. Laura entendeu que o sucesso fácil não permite o mesmo nível de crescimento pessoal e autoconhecimento que o fracasso proporciona.

A jornada de Laura mostra que o fracasso pode ser um caminho para o aprendizado e a sabedoria. Ela encontrou humildade e compreensão por meio das dificuldades enfrentadas, percebendo que o verdadeiro valor está na capacidade de aprender com as derrotas e de se tornar uma pessoa melhor.

Assim, Laura abraçou sua jornada de fracasso como um meio de crescimento pessoal e desenvolvimento de empatia. Ela aprendeu a valorizar não apenas as conquistas e os sucessos, mas também as lições extraídas das derrotas. A partir dessa nova perspectiva, ela encontrou um novo propósito em sua vida e a determinação para seguir em frente, independentemente dos obstáculos que possam surgir em seu caminho.

A DUALIDADE DE RODOLFO: O CONFLITO ENTRE GANÂNCIA E VALORES NA BUSCA POR SIGNIFICADO

Esta é a história de Rodolfo, um homem preso em um dilema entre suas convicções e a realidade em que vive. Ele se encontra em um mundo ganancioso e canalha, onde a busca por riqueza e sucesso é valorizada, mas, ao mesmo tempo, ele deseja ser uma pessoa que promove mudanças e vive de acordo com seus valores.

Rodolfo reconhece a dificuldade de abandonar um mundo que lhe oferece recompensas financeiras significativas, mesmo que ele desaprove o comportamento ganancioso que o acompanha. Ele observa as pessoas ao seu redor, aparentemente satisfeitas e imersas na ganância, e sente-se dividido.

Ele decide adotar um meio-termo instável e insustentável. Rodolfo continua trabalhando nesse mundo ganancioso, agindo de acordo com suas prioridades e recebendo as recompensas que ele oferece. Ao mesmo tempo, ele sonha com um mundo alternativo, onde suas verdadeiras paixões e valores seriam sua principal motivação.

Rodolfo alimenta um sonho de abandonar esse ambiente tóxico e seguir uma vida mais alinhada com suas convicções. Ele menciona a possibilidade de se tornar um monge em um mosteiro, buscando uma existência mais espiritual e significativa. No entanto, ele ainda se preocupa com as recompensas materiais que o mundo ganancioso lhe oferece, como o próximo bônus anual.

Ele não deseja se envolver em atividades voluntárias que exigem trabalho, sacrifício ou desconforto. Em vez disso, Rodolfo anseia por ser a pessoa que deseja trabalhar em um sopão, escalar o Aconcágua ou distribuir poesia na praça. Ele quer sentir satisfação em sua identidade e evitar mudanças reais em sua vida. Ele busca uma identidade confortável e conveniente, onde possa adquirir uma suposta consciência social sem sacrificar seu estilo de vida.

A história de Rodolfo destaca o conflito interno que muitas pessoas enfrentam em um mundo ganancioso. Ele mostra a luta entre a busca pelo sucesso material e o desejo de ser uma pessoa que faz a diferença. A história nos lembra que, para promover mudanças efetivas, devemos estar dispostos a enfrentar o desconforto, sacrificar e trabalhar arduamente para viver de acordo com nossos valores verdadeiros.

A DUALIDADE DE ARTHUR GREISER: AUTOJUSTIFICAÇÃO E RESPONSABILIDADE NOS HORRORES DO HOLOCAUSTO

Esta é a história de Arthur Greiser, um homem envolvido no Holocausto que personifica a dualidade e a autojustificação.

Após a Segunda Guerra Mundial, Arthur Greiser foi julgado por sua participação nos crimes hediondos do Holocausto. Durante o julgamento, Greiser tentou argumentar que sua "alma oficial" era responsável pelos crimes, enquanto sua "alma privada" sempre se opôs a eles. No entanto, sua tentativa de separar as duas partes de si mesmo foi rejeitada, e ele foi condenado à forca. A história de Greiser ilustra a tendência humana de compartimentalizar, buscando justificar nossas ações e nos absolver de culpa.

A narrativa nos lembra que, embora possamos julgar as ações dos outros, frequentemente buscamos ser avaliados com base em nossas intenções. É fácil nos enganarmos, acreditando que somos pessoas boas e civilizadas, enquanto nos envolvemos em ocupações desprezíveis. Aqueles que trabalham em agências de publicidade, promovendo produtos que exploram a insegurança das mulheres, podem afirmar que sua função é apenas informar sobre os produtos disponíveis. Enquanto isso, outros podem estar satisfeitos em acampar na praia e vender bijuterias na praça. Cada pessoa tem suas próprias prioridades e necessidades, mas também existe o perigo de se acomodar em uma ocupação que desprezamos e ainda assim nos sentirmos superiores aos nossos colegas.

A história de Arthur Greiser ecoa as palavras de um oficial de campo de concentração de Treblinka. Esse oficial alegava não ser um criminoso, afirmando ter uma consciência limpa. Ele se considerava um homem gentil e polido, mesmo quando executava as tarefas mais terríveis. Ele se via como diferente de seus colegas, alegando que seu coração sangrava enquanto realizava suas tarefas monstruosas.

Essa narrativa nos confronta com a complexidade da natureza humana. Ela nos lembra que a dualidade e a autojustificação podem nos levar a acreditar que somos pessoas boas, apesar de nossas ações cruéis. A história de Arthur Greiser é um lembrete contundente de que devemos buscar a verdadeira introspecção e enfrentar a responsabilidade por nossas ações, em vez de nos escondermos atrás de intenções nobres enquanto causamos danos irreparáveis.

O PESO DAS EXPECTATIVAS: A JORNADA DE WANDERLEIA EM BUSCA DE REALIZAÇÕES AOS 25 ANOS

Esta é a história de Wanderleia, uma jovem que lida com a angústia de não ter construído nada até os 25 anos e a pressão que ela mesma coloca sobre si mesma.

Wanderleia compartilhava comigo sua maior preocupação existencial: sua sensação de não ter construído nada em sua vida até aquele momento. Ela se sentia inconsolável e angustiada com essa ideia. Intrigado, perguntei se suas amigas da mesma idade já haviam construído muito. Para sua surpresa, Wanderleia admitiu que suas amigas também estavam no início de suas trajetórias e não tinham alcançado grandes realizações até aquele ponto.

Curioso, questionei por que ela se sentia superior em relação a elas, se elas estavam em uma situação semelhante. Wanderleia negou categoricamente se considerar superior às suas amigas. No entanto, ao expressar sua angústia existencial em relação à falta de conquistas, ficou claro que suas expectativas para si mesma eram mais altas do que para as outras. Ela acreditava que suas amigas eram pessoas normais de 25 anos, enquanto ela mesma, por ser única e talentosa, deveria ter alcançado muito mais até aquele ponto de sua vida.

Eu a confrontei com a ideia de que suas expectativas para si mesma eram desproporcionalmente elevadas em comparação com as expectativas que ela tinha para suas amigas. Enquanto era compreensível que pessoas com a mesma idade não tivessem construído muito, Wanderleia sentia uma grande pressão para realizar grandes feitos. Ela via sua falta de conquistas como um sinal de emergência existencial, uma preocupação intensa que precisava ser enfrentada.

TRAZENDO À TONA A VIDA: JORNADAS DE AMOR. AUTENTICIDADE E LIBERDADE

A história de Wanderleia nos leva a refletir sobre a ilusão do Eu transcendental, a ideia de que existe uma essência superior e única em cada um de nós. Se não fosse por essa ilusão, não haveria motivo para nos compararmos com os outros ou nos preocuparmos tanto com o que construímos ou deixamos de construir. Seríamos livres das expectativas irreais e da pressão autogerada para realizar coisas extraordinárias.

Essa narrativa nos convida a questionar essas expectativas e a abraçar a ideia de que cada pessoa tem seu próprio caminho e ritmo de desenvolvimento. Não devemos nos deixar levar pela comparação com os outros, mas sim buscar a autenticidade e a realização pessoal de acordo com nossas próprias aspirações e valores.

A LIBERTAÇÃO DO EU: GUILHERME ENCONTRA SIGNIFICADO AO ACOLHER E OUVIR AS HISTÓRIAS DOS OUTROS

Esta é a história de Guilherme, um homem que descobriu a libertação do "fascismo de si mesmo" ao se dedicar a acolher e ouvir as histórias de outras pessoas.

Guilherme, como todos nós, tinha suas próprias batalhas e preocupações pessoais. No entanto, ele encontrou uma fonte de satisfação e alívio ao acolher e ouvir as histórias daqueles que o procuravam, compartilhando suas dores, medos, esperanças e sonhos.

Quando Guilherme se conectava com outras pessoas de forma plena, sua atenção se voltava inteiramente para elas. Nesses momentos, suas próprias preocupações mesquinhas pareciam desaparecer. O tempo parecia voar, e Guilherme percebia que horas haviam se passado sem que ele se preocupasse com rejeições, desfeitas ou vaidades. Era como se ele estivesse livre da ditadura de seu próprio ego.

A sensação de libertação que Guilherme experimentava ao se dedicar ao bem-estar dos outros era poderosa. Ao se doar para ajudar e apoiar as pessoas ao seu redor, ele encontrava um caminho para se libertar do domínio de seu próprio eu. Era uma forma de transcendência, um momento em que sua atenção e energia se voltavam completamente para os outros, permitindo-lhe encontrar significado e conexão genuína.

Ao longo de sua jornada, Guilherme aprendeu que a verdadeira liberdade não está em satisfazer suas preocupações pessoais ou em alimentar seu ego, mas sim em se conectar com os outros e se dedicar ao serviço aos demais. Nesses momentos de doação, ele se libertava do fascismo de si mesmo, rompendo com as amarras do individualismo e encontrando uma profunda sensação de propósito e realização.

Guiado por essa nova perspectiva, Guilherme decidiu continuar cultivando o hábito de ouvir e acolher as histórias daqueles que cruzavam seu caminho. Ele percebeu que, ao oferecer um espaço seguro para que os outros compartilhassem suas experiências, ele também encontrava cura e crescimento pessoal.

A história de Guilherme nos lembra da importância de nos conectarmos com os outros, de nos abrirmos para as histórias e experiências de vida das pessoas ao nosso redor. Ao nos dedicarmos ao serviço e ao acolhimento, podemos nos libertar do fascismo de nosso próprio eu e encontrar um sentido mais profundo em nossa existência.

A LIBERTAÇÃO DO EGO: RODRIGO DESCOBRE A PLENITUDE NO DESAPEGO E NA CONEXÃO

Esta é a história de Rodrigo, um homem que descobriu a libertação ao desapegar-se do seu ego e perceber a ilusão em que vivia.

Rodrigo passou décadas buscando segurança, concretude e sentido em sua vida. Ele acreditava que o dinheiro, o sexo, o amor romântico, a fama ou até mesmo a influência poderiam preencher o vazio existencial que sentia. O ego de Rodrigo ansiava por vitórias, reconhecimento e prazer, ao mesmo tempo que temia a derrota, a crítica e a dor.

A vida de Rodrigo parecia ser uma constante batalha para proteger e alimentar seu ego. Ele buscava se aproximar de tudo que confirmasse sua ilusão e se afastar de tudo que parecesse ameaçá-la. O ego de Rodrigo era como um traficante que consumia sua própria cocaína, acreditando em suas próprias mentiras.

No entanto, Rodrigo começou a questionar a validade dessa busca incessante por segurança e significado. Ele percebeu que o ego o mantinha preso em um ciclo de insatisfação constante, sempre buscando mais, sempre temendo a perda.

O processo de desapego do ego parecia assustador para Rodrigo. Afinal, significava abrir mão da ilusão de segurança que ele havia construído para si mesmo, mesmo que frágil e trêmula. Parecia um salto no escuro, deixando-o exposto em um universo hostil.

No entanto, quando Rodrigo finalmente conseguiu desapegar-se do seu ego, ele percebeu que já estava sobre um chão firme e amplo o tempo todo. Ele percebeu que não havia nada a perder, pois não havia nada real a ser perdido. Tudo já estava presente.

TRAZENDO À TONA A VIDA: JORNADAS DE AMOR, AUTENTICIDADE E LIBERDADE

Ao compreender a ilusão do ego, Rodrigo deixou de interagir com a realidade como se fosse um livro-caixa, onde apenas contabilizava ganhos e perdas. Ele percebeu que não havia nada a ser ganho nem perdido. Isso lhe deu a liberdade de doar sem medo, de se entregar completamente.

Rodrigo encontrou uma nova forma de viver, deixando para trás a ânsia desenfreada por conquistas materiais e reconhecimento externo. Ele descobriu que a verdadeira plenitude está na entrega, na conexão com os outros e na vivência de um propósito maior do que o ego.

A história de Rodrigo nos lembra que, ao desapegarmos do ego, percebemos que já temos tudo o que precisamos. Não há necessidade de buscar constantemente mais e mais. Podemos encontrar a verdadeira liberdade e plenitude nos doando e vivendo em conexão com os outros, deixando para trás a ilusão do ego e abraçando a essência do ser.

A BUSCA ILUSÓRIA DO EU SEPARADO: JÚLIO DESCOBRE A CONEXÃO NA INTERDEPENDÊNCIA UNIVERSAL

Esta é a história de Júlio, um homem que descobriu que sua busca desesperada por conexão e pertencimento estava enraizada em uma ilusão do eu separado do todo.

Júlio vivia em meio a sete bilhões de pessoas, todas ávidas por conexões humanas, mas mesmo assim ele se sentia terrivelmente solitário. Ele passava seus dias lamentando sua solidão e ansiando por pessoas que se encaixassem em seus próprios termos egoicos. Ele desejava ser procurado, telefonado, curtido nas redes sociais, acariciado em seu eu, enquanto não demonstrava interesse genuíno nas carências das outras pessoas ao seu redor.

A verdade era que Júlio estava carente de conexões reais e profundas, baseadas em compaixão, ajuda mútua e companheirismo. Ele estava preso na ilusão de um eu separado do resto do universo, acreditando que sua existência dependia do pertencimento a algo externo a si mesmo. Essa crença o levava a buscar segurança e pertencimento em qualquer coisa que pudesse oferecer alívio para sua solidão.

Mesmo em relacionamentos abusivos, Júlio se anulava e aceitava agressões repetidas, simplesmente porque sentia que pertencia a essa dinâmica familiar disfuncional. Ele tirava *selfies*, escrevia livros, implorava por curtidas, buscando desesperadamente uma sensação de estar vivo, de ser notado e reconhecido.

No entanto, essa busca incessante por pertencimento nunca seria suficiente para aliviar a angústia existencial de Júlio. Ele estava preso em um estado de separação, acreditando que seu eu isolado precisava se conectar a outras entidades igualmente ilusórias e contingentes para encontrar segurança e plenitude.

A verdade é que Júlio já pertencia à totalidade dos fenômenos interdependentes e interpermeáveis. Ele era uma joia na infinita teia de Indra, onde cada joia condicionava e era condicionada por todas as outras. No entanto, ele não conseguia enxergar essa interconexão porque estava preso na ilusão do eu separado.

Conforme Júlio começou a questionar essa ilusão e a buscar uma compreensão mais profunda da natureza interdependente de todas as coisas, ele começou a se abrir para uma nova perspectiva. Ele percebeu que a verdadeira conexão e pertencimento não surgem da busca desesperada pelo eu separado, mas sim da aceitação da interconexão de todos os seres e da disposição em contribuir para o bem-estar de outros.

Júlio abandonou sua busca frenética por conexões egoicas e começou a se envolver com o mundo ao seu redor de uma maneira mais autêntica e compassiva. Ele buscou pessoas que precisavam de sua ajuda, carinho e companhia, encontrando uma verdadeira satisfação em oferecer-se aos outros.

Ao transcender a ilusão do eu separado e abraçar a interdependência de todas as coisas, Júlio encontrou uma nova forma de pertencimento. Ele percebeu que não era necessário preencher um buraco insaciável, mas sim abrir-se para a verdadeira natureza da existência, onde todas as joias na teia de Indra estão interligadas em uma dança harmoniosa.

A história de Júlio nos lembra que a busca por conexão e pertencimento genuínos não reside na ilusão do eu separado, mas sim na compreensão e aceitação de nossa interdependência com todos os seres. Ao abraçarmos essa visão mais ampla, podemos encontrar verdadeira paz e plenitude em nossa jornada pela vida.

A IMPORTÂNCIA DAS AÇÕES: JÉSSICA DESCOBRE O PODER DAS ATITUDES ALINHADAS COM OS VALORES

Esta é a história de Jéssica, uma mulher que descobriu a importância das ações em contraste com as palavras vazias.

Jéssica sempre acreditou que o que sentia e pensava era o mais importante. Ela valorizava suas emoções e opiniões, mas acabava negligenciando a importância de suas ações no mundo. Ela percebeu que as palavras podem ser limitadas e que nem sempre refletem o verdadeiro conteúdo do coração humano.

Foi por meio de uma experiência pessoal que Jéssica teve um despertar. Ela percebeu que não importava o que ela pensava ou sentia, mas sim como ela se comportava e se colocava no mundo. Ela entendeu que o verdadeiro impacto vinha das suas escolhas e ações.

Jéssica começou a questionar a discrepância entre o que as pessoas diziam e o que faziam. Ela percebeu que muitas vezes as palavras não correspondiam às ações, e isso a levou a refletir sobre a importância da coerência entre os dois.

Ela comparou isso com o exemplo do espinafre. Se alguém afirmasse amar espinafre, mas nunca o comprasse, nunca o colocasse em seu prato e, quando o prato viesse com espinafre, não o comesse, então essa pessoa não amava verdadeiramente o espinafre. As palavras eram vazias se não fossem respaldadas por ações concretas.

Jéssica aplicou essa reflexão em sua própria vida. Ela percebeu que suas ações refletiam seus verdadeiros sentimentos e intenções. Ela se comprometeu a ser mais consciente em suas escolhas e ações, buscando agir com empatia, atenção e cuidado em todos os aspectos de sua vida.

TRAZENDO À TONA A VIDA: JORNADAS DE AMOR. AUTENTICIDADE E LIBERDADE

Ela entendeu que o que fazemos tem um impacto real nas pessoas ao nosso redor. Suas ações se tornaram uma expressão de quem ela era e do que valorizava. Ela aprendeu que é por meio das ações que podemos demonstrar nosso amor, nossa compaixão e nossa verdadeira essência.

Jéssica descobriu que as palavras podem ser facilmente distorcidas, mal interpretadas ou esquecidas, mas as ações falam por si mesmas. Ela encontrou um novo significado em viver autenticamente, alinhando suas ações com seus valores mais profundos.

A história de Jéssica nos lembra que o que fazemos importa mais do que o que dizemos. Nossas ações têm o poder de transformar o mundo e tocar a vida das pessoas ao nosso redor. É por meio dessas ações significativas que podemos fazer a diferença e deixar um legado duradouro.

O PODER DAS ESCOLHAS: MARLON DESCOBRE O IMPACTO DE SUAS AÇÕES NO FUTURO

Esta é a história de Marlon, um homem que descobriu o poder de suas escolhas e a importância de suas ações na criação de consequências positivas ou negativas em seu futuro.

Marlon tinha consciência de que não podia mudar o passado, nem controlar as consequências que estava enfrentando no presente. No entanto, ele percebeu que tinha o poder de decidir quem queria ser no próximo minuto e como agir em cada momento de sua vida.

Ele entendia que dentro de si existiam diversas forças em conflito, representadas por lobos brigando. Emoções, impulsos e pensamentos negativos lutavam contra os positivos, nocivos contra os benéficos, altruístas contra os egoístas.

Marlon compreendeu que tinha o poder de escolher qual lobo alimentar. Ele poderia optar por agir de forma útil, correta e benéfica, mesmo que às vezes sentisse impulsos negativos ou pensamentos egoístas. Ele não queria ser controlado por esses impulsos, mas sim agir de acordo com seus valores e princípios mais elevados.

Marlon reconheceu que, embora outras pessoas pudessem ser cruéis, ele tinha a escolha de não agir de maneira cruel. Ele decidiu que não queria propagar mais negatividade no mundo, mas sim ser um agente de mudança positiva.

Ele entendeu que suas ações eram seus verdadeiros pertences. As palavras podiam ser vazias, mas o que ele fazia tinha um impacto real. Ele se comprometeu a agir de maneira consciente e responsável, buscando criar consequências positivas em seu futuro.

TRAZENDO À TONA A VIDA: JORNADAS DE AMOR. AUTENTICIDADE E LIBERDADE

Marlon percebeu que suas ações não apenas afetavam sua própria vida, mas também as vidas das pessoas ao seu redor. Ele viu a oportunidade e o privilégio de ser uma influência positiva, de semear o bem e colher resultados positivos.

A cada dia, Marlon se empenhou em agir com bondade, compaixão e empatia. Ele procurou ajudar os outros, ser solidário e fazer a diferença em sua comunidade. Ele sabia que pequenos atos de gentileza e generosidade podiam ter um impacto significativo.

Marlon compreendeu que suas ações eram um reflexo de quem ele era como pessoa. Ele se esforçou para ser coerente entre suas palavras e suas ações, vivendo de acordo com seus valores e construindo um futuro baseado em escolhas positivas.

A história de Marlon nos lembra que temos o poder de moldar nosso destino por meio de nossas ações. Podemos escolher ser pessoas altruístas, compassivas e responsáveis, semear o bem e colher as consequências positivas em nossas vidas. O que realmente importa é o que fazemos a cada momento, pois nossas ações definem quem somos e o legado que deixamos para trás.

DEIXANDO DE LADO AS PEQUENAS PREOCUPAÇÕES: A LIÇÃO DE ALEXANDRE E A CANECA

Esta é a história de Alexandre, um homem que aprendeu a deixar de lado suas pequenas preocupações e a escolher agir de maneira diferente em relação a um objeto aparentemente insignificante, uma caneca.

Alexandre era um cara comum, que vivia em uma casa compartilhada com outros colegas. Ele tinha uma caneca de café especial, da qual gostava muito, mas percebeu que ela estava sempre desaparecendo. Ao investigar, descobriu que o colega de casa, Arnaldo, estava usando sua caneca sem pedir permissão.

Essa situação deixava Alexandre irritado. Ele ensaiava diálogos mentais em que confrontava Arnaldo, exigindo que ele usasse outras canecas e deixasse a sua em paz. Alexandre se sentia cheio de razão, indignado e justificado em sua irritação.

No entanto, à medida que refletia sobre a situação, Alexandre começou a perceber o quão pequeno, mesquinho e egoísta ele estava sendo. Ele tomou consciência de que Arnaldo era uma pessoa generosa e desapegada, com uma história de vida difícil, enquanto ele mesmo estava se incomodando com uma caneca de plástico barata.

Alexandre compreendeu que o problema não estava em Arnaldo pegar a caneca no armário, mas sim em seu próprio apego desnecessário a um objeto sem valor intrínseco ou sentimental. Ele percebeu que seu incômodo não justificava uma discussão ou cobranças.

Embora soubesse que poderia resolver o problema facilmente conversando com Arnaldo, Alexandre optou por não dizer nada. Ele decidiu que não queria ser uma pessoa que regulava canecas, que deixava objetos triviais afetarem seu estado de espírito e seus relacionamentos.

Alexandre rejeitou a ideia de escrever bilhetes passivo-agressivos ou confrontar Arnaldo. Ele não queria ser essa pessoa que se incomodava com algo tão insignificante. Ele sabia que não tinha controle sobre a maioria das coisas no universo, mas tinha o controle sobre suas próprias ações e reações.

Ele escolheu ser uma pessoa que não reclamava sobre o uso de uma caneca. Ele decidiu que não queria agir movido pela irritação e pela mesquinhez. Embora não pudesse escolher suas emoções, ele tinha o poder de escolher como reagir a elas.

Ao tomar essa decisão, Alexandre se libertou do apego à caneca e das preocupações triviais. Ele aprendeu a focar nas coisas que realmente importavam em sua vida e a agir de maneira consciente e positiva em seus relacionamentos.

Esta história nos lembra que, muitas vezes, são as pequenas coisas que nos afetam e que temos o poder de escolher como reagir a elas. Podemos optar por não permitir que objetos ou situações insignificantes dominem nossas vidas e influenciem nossas ações. Podemos escolher agir com compreensão, empatia e deixar de lado nossas pequenas preocupações para focar no que realmente importa.

O PODER DOS PASSOS: UMA JORNADA DE TRANSFORMAÇÃO COLETIVA

Era uma vez uma cidade onde viviam pessoas autocentradas e egocêntricas. Elas viviam suas vidas diárias, buscando apenas o seu próprio benefício e conforto. Mudar não fazia parte dos planos delas, afinal, a mudança exigia esforço, desconforto e trabalho árduo. O que essas pessoas realmente queriam era parecer boas e generosas sem passar por nenhuma transformação significativa.

O processo de reconhecer privilégios, cultivar empatia e conscientizar-se das injustiças era árduo e doloroso. No caminho, elas descobririam verdades desagradáveis sobre si mesmas, suas famílias e a sociedade em que viviam. Nesse momento, era natural que buscassem algum tipo de recompensa ou justificativa:

"Bem, eu sou um homem em uma sociedade patriarcal, uma pessoa branca em uma sociedade racista, uma pessoa heterossexual em uma sociedade homofóbica, mas pelo menos tenho consciência disso. Já é um primeiro passo. Já é meio caminho andado. Já é alguma coisa, não é? Não é? Diz que é!"

No entanto, reconhecer um problema não é, de fato, dar um primeiro passo. Ter consciência, sentir empatia e reconhecer privilégios é importante, mas isso é apenas o começo. A empatia, por si só, é passiva e limitada. É difícil o suficiente cultivar empatia, despertar consciência e perceber privilégios, então é tentador parar por aí.

Por exemplo, um homem que reconhece seu privilégio masculino não está dando um passo na luta contra o machismo. Ele ainda não saiu do lugar. A mudança não ocorreu além das palavras e pensamentos. Tudo continua dentro dele. A transformação real só acontece quando a ação é tomada.

TRAZENDO À TONA A VIDA: JORNADAS DE AMOR, AUTENTICIDADE E LIBERDADE

Às vezes, um amigo se aproxima, buscando desesperadamente um tapinha nas costas que ele acredita merecer:

"Mas, sem reconhecer meus privilégios masculinos, como posso lutar contra o machismo, certo?"

Sim, é importante que um homem reconheça seus privilégios masculinos, mas esse reconhecimento por si só não é lutar contra o machismo. A única coisa que verdadeiramente conta como "lutar contra o machismo" é dar o primeiro passo efetivamente. Reconhecer os privilégios internamente não é suficiente.

A menos que compreendamos a diferença entre o que acontece dentro de nós (sentir, reconhecer, refletir) e o que efetivamente fazemos no mundo (agir, dar passos), jamais conseguiremos transformar a realidade. É necessário dar o primeiro passo, sair do nosso mundo interior e tomar ações concretas para gerar mudanças reais.

Assim, as pessoas daquela cidade começaram a compreender que apenas reconhecer e refletir sobre as questões não era suficiente. Elas perceberam que precisavam agir para promover mudanças verdadeiras. Com coragem e determinação, elas deram o primeiro passo e começaram a lutar contra as injustiças, colocando em prática seus valores e princípios.

Conforme elas avançavam, enfrentando desafios e superando obstáculos, elas descobriam o poder da ação. Cada passo dado significava uma mudança real e uma contribuição para a construção de uma sociedade mais justa e igualitária.

A história dessas pessoas nos ensina que, para transformar o mundo, devemos ir além do reconhecimento e da reflexão. Devemos agir, lutar e dar passos reais. Somente assim, juntos, poderemos moldar um futuro melhor para todos, onde as pessoas sejam verdadeiramente valorizadas e respeitadas. E assim, com um passo após o outro, elas caminharam em direção a um futuro mais justo e inclusivo.

APRENDENDO A AMAR A SI MESMO: O CAMINHO PARA A AUTOACEITAÇÃO E O BEM-ESTAR

Era uma vez uma mulher chamada Lenice. Ela sempre fora apaixonada por confeitaria e sonhava em fazer os melhores bolos. Todos os dias, ela pesquisava receitas, assistia a programas de culinária e comprava todos os ingredientes necessários para suas criações.

Lenice tinha uma cozinha cheia de potenciais, com armários repletos de farinha, açúcar, ovos e todos os tipos de sabores. Ela adorava compartilhar fotos dos ingredientes perfeitamente organizados em suas redes sociais, recebendo elogios e curtidas.

No entanto, havia um problema: Lenice nunca assava os bolos. Ela se contentava em comprar os ingredientes, exibir sua cozinha e despertar a vontade das pessoas, mas nunca dava o próximo passo para transformar aqueles ingredientes em deliciosas obras-primas.

As semanas e os meses passavam, e a cozinha de Lenice continuava cheia de ingredientes não utilizados. Ela tinha a consciência daquilo que poderia fazer, sonhava com o aroma e o sabor dos bolos perfeitos, mas não conseguia dar um passo além disso.

Um dia, uma amiga chamada Laura visitou Lenice em sua casa. Ela ficou encantada com a cozinha cheia de ingredientes e perguntou: "Lenice, por que você nunca assa esses bolos maravilhosos que tanto deseja fazer?"

Lenice suspirou e confessou: "Eu sei que comprar os ingredientes não é o primeiro passo para fazer um bolo, mas tenho medo de não ser boa o suficiente. Eu prefiro apenas sonhar e imaginar como seriam meus bolos perfeitos."

TRAZENDO À TONA A VIDA: JORNADAS DE AMOR, AUTENTICIDADE E LIBERDADE

Laura olhou para Lenice com carinho e disse: "Minha amiga, o primeiro passo não é apenas sonhar, mas é colocar em prática. Você precisa bater as claras, misturar os ingredientes e levar ao forno. Você precisa agir e transformar seus sonhos em realidade."

As palavras de Laura ecoaram na mente de Lenice. Ela percebeu que tinha passado muito tempo se iludindo com a ideia de que comprar os ingredientes era o suficiente. Sentir-se satisfeita com o reconhecimento virtual e os elogios era apenas uma ilusão vazia.

A partir daquele dia, Lenice decidiu enfrentar seus medos e dar o primeiro passo real. Ela colocou suas mãos na massa, literalmente, e começou a bater as claras, misturar os ingredientes e assar os bolos. Cada passo que dava era uma ação concreta em direção ao seu sonho.

Com o tempo, Lenice aprendeu com seus erros, aprimorou suas habilidades e finalmente começou a fazer bolos incríveis. Seu talento ganhou reconhecimento não apenas nas redes sociais, mas também entre amigos, familiares e até clientes que encomendavam seus deliciosos bolos.

Lenice percebeu que, de fato, só um passo é um passo. Ela aprendeu que sonhos sem ação são apenas ilusões passageiras, e que o verdadeiro sucesso vem da dedicação, persistência e comprometimento em transformar sonhos em realidade.

E assim, Lenice se tornou uma confeiteira talentosa, inspirando outros a darem o primeiro passo em direção aos seus próprios sonhos. Ela entendeu que comprar os ingredientes era apenas o começo, mas a verdadeira magia acontecia quando ela os transformava em bolos deliciosos.

A história de Lenice nos ensina que, seja na culinária ou em qualquer aspecto da vida, é preciso ir além do reconhecimento e da contemplação. Devemos tomar ações concretas e dar passos em direção aos nossos objetivos. Pois somente assim poderemos saborear as delícias que a vida tem a nos oferecer.